FAMILLES FAVRE

CONTEMPORAINES

Lyon. — Imp. d'A. Vingtrinier.

Études historiques sur le département de l'Ain

FAMILLES FAVRE

CONTEMPORAINES

D'APRÈS LES DOCUMENTS AUTHENTIQUES

PAR

E. RÉVÉREND DU MESNIL

MEMBRE CORRESPONDANT DE LA SOCIÉTÉ D'ÉMULATION DE L'AIN
ET DE LA SOCIÉTÉ FLORIMONTANE D'ANNECY

FAVER CLAVERO

PARIS

SCHLESINGER FRÈRES, LIBRAIRES-ÉDITEURS

RUE DE SEINE, 12

—

1870

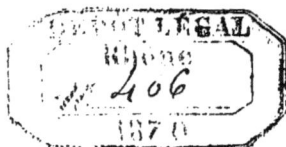

FAMILLES FAVRE

Dans une précédente étude, ayant pour titre : *Le Président Favre, Vaugelas et leur famille*, nous avons donné une filiation complète des Favre de Meximieux, souche primitive des diverses branches établies en Savoie, en Bresse et en Dauphiné.

Il nous a paru utile de rechercher s'il existait actuellement des familles du même nom pouvant se rattacher à ces anciens Favre, dont l'existence est constatée dès le xiiie siècle.

Les registres officiels de d'Hozier, conservés à la bibliothèque impériale, pouvaient offrir des détails certains : nous citerons textuellement l'extrait des enregistrements d'armoiries faits dans les généralités de Bourgogne et du Lyonnais, au nom de Favre ou de Faure.

Il est fâcheux que ces documents ne soient pas plus complets. Malgré les erreurs nombreuses provenant du fait des commis chargés de l'enregistrement des armoiries, ils contiennent de précieuses indications que nous n'avions garde de négliger.

Nous rapporterons ensuite deux familles qui se relient vraisemblablement à la tige principale des Favre, originaires de Meximieux, mais pour lesquelles le défaut de renseignements précis nous empêche de préciser le degré de jonction. L'identité des noms et la contemporanéité des personnages, dans des lieux rapprochés, rattachent à la même souche cette race antique des conseillers de ville lyonnais, que nous rencontrons dans les rôles de 1382 à 1586 : ce sont les Favre de Lyon dont nous parlerons les premiers.

Puis viendront les Favre-Clavairoz, que les traditions domestiques les mieux établies affirment comme descendant des Favre de Savoie.

Espérons que le temps, qui est un grand maître en fait de découvertes archéologiques, amènera de plus heureux et de plus savants que nous, à compléter nos indications : dans ces siècles d'ignorance et d'incurie, malgré le prestige glorieux que donnèrent les Croisades à la noblesse française, il n'y a guère que les grandes maisons, les *familles chevaleresques* qui aient conservé des preuves certaines de leurs origines. Savoir écrire était le privilége d'un petit nombre et une occupation indigne des nobles, qui, affectant de ne savoir signer, frappaient le parchemin du pommeau de leurs épées. Il faut arriver au xv° siècle pour obtenir, dans les archives publiques, des

renseignements plus abondants. Ce n'est qu'à la fin du
xvi⁰ siècle que les registres paroissiaux, en dépit de nombreuses omissions, peuvent donner une filiation certaine.
Malgré leur aridité, ces documents sont intéressants ; surtout ils sont authentiques. Nous les avons amplement con-
sultés pour les Favre de Lyon.

DES ARMOIRIES DES FAMILLES DU NOM DE FAVRE.

Les Favre de Savoie portaient pour armes, nous l'a-
vons dit : d'argent, au chevron d'azur, accompagné de
trois têtes de Maures, liées ou tortillées d'argent, deux en
chef et une en pointe.

Ce sont bien celles insérées par Guichenon au commen-
cement de leur généalogie, *Histoire de Bresse et du Bugey.*
Lyon, 1650.

Nous nous sommes demandé si ces têtes de Maures ne
seraient point une concession des ducs de Savoie, en té-
moignage des nombreux services rendus à cette illustre
maison, par Guyonnet Favre et ses descendants, absolu-
ment comme en France, les fleurs de lys d'or, posées dans
les armoiries particulières sur un champ d'azur, sont presque toujours une faveur de nos rois. Jeanne d'Arc reçut
du roi Charles VII, en commémoration de sa bravoure et
de ses exploits, avec le nom du *Lis*, deux fleurs de lys sur
un écu d'azur.

Mais il existait autrefois, dans l'église Saint-Apollinaire de Meximieux, une chapelle, à la gauche du maître autel, sous le vocable de saint Claude, fondée par la famille Favre et dont Vaugelas fut le dernier possesseur. A la voûte se trouvent gravées les armes des fondateurs ; elles ont été, comme le reste de l'église, recouvertes d'un épais badigeon à la chaux, qui ne permet pas de distinguer, d'une manière certaine, les meubles de l'écu : le chevron apparaît clairement, accompagné de trois *besans*, ou peut-être de trois têtes de Maures, qu'un ouvrier inhabile n'a pu mieux graver. Nous préférons y voir des armoiries *parlantes* qui nous rappellent ces antiques Romains forgerons, *fabri*, ou ces riches ferratiers lyonnais, que leur honorabilité et leur travail ont conduits les premiers à la noblesse.

Il est vrai que nos ferratiers, conseillers de ville, sont désignés comme portant : de gueules, au chevron d'or, accompagné de deux trèfles et d'un besant du même. Ces trèfles ne seraient alors qu'une brisure des cadets, qui auraient de plus changé l'émail du champ et la couleur du chevron.

Les registres de d'Hozier contiennent, pour les deux généralités de Lyon et de Dijon, vingt et un enregistrements au nom de Favre, en vertu de l'édit du roi Louis XIV, de novembre 1696 : on y trouve seulement, en Bourgogne, aux folios 418 et 431, deux personnes ayant des armoiries identiques à celles du président Antoine Favre et à celles de Vaugelas ; ce sont : Antoinette Favre, fille, et Claude–Joseph Favre, prestre, et curé de Curciat en Bresse. Il faut sans doute les rattacher à la branche bressane des Favre de Longris, issue de Philibert Favre et de Bonne de Châtillon, que nous avons signalée comme représentée encore en 1789.

Nous citons textuellement d'Hozier.

GÉNÉRALITÉ DE LYON.

N° 337, f° 135. Jean-Antoine Faure, bourgeois, *porte* d'argent à une fasce de gueules, chargée d'une croisette d'or, et accompagnée en pointe d'un vol de sable.

12. — 152. Vincent de Faure de la Benodière, bourgeois; *porte* d'azur à un chevron d'or, accompagné en pointe d'une tour d'argent, maçonnée de sable, et un chef de gueules chargé d'un léopard d'argent.

69-70. — 360. Feu Jean-Louis de Pasturel, ancien eschevin de la ville de Lyon, suivant la déclaration de Blanche Faure, sa veuve.

Portait de sable à une fasce d'or, accompagnée de trois molettes de même, deux en chef et une en pointe, *accolée* d'azur à un chevron d'or, accompagné de trois trèfles rangés d'argent, soutenus d'une trangle de même, et en pointe d'un pigeon d'argent sur une nuée de sable.

150. — 495. Anne Faure, femme de Martial Paturel, aide-major de la ville de Lyon.

Porte d'azur à un chevron d'or, abaissé sous une trangle de même, accompagné en chef de trois trèfles rangés aussi d'or, et en pointe d'une colombe d'argent.

55. — 617. Jean-Baptiste Faure Dizieu, maréchal-des-logis des gardes de S. A. R. Monsieur : d'argent, à un lion coupé de gueules et d'azur, accompagné en chef de deux tourteaux d'azur, et en pointe de deux tourteaux de gueules.

134.—619. Césard Faure, marchand, à Lyon : d'argent, à une bande de sable chargée de trois défenses de sanglier d'or, et accompagnée de deux roses de gueules pointées de sinople, une en chef et l'autre en pointe.

368.—674. André Faure, marchand : de même.

163. — 687. Jean-Baptiste Faure, marchand, à Saint-Etienne : d'azur, à un chameau d'or, portant deux ballots d'argent, liés de gueules, et passant sur une montagne de sinople.

27. — 769. Jean Faure, conseiller du roi, élu en l'élection de Saint-Etienne : d'azur, à une bande d'argent, enfilée de trois couronnes d'or.

30. 31. —770. Blaise Morandin, avocat en parlement, lieutenant de la juridiction ordinaire en la ville de Saint-Etienne, et Marguerite Faure, sa femme : d'argent, à un chevron d'azur, accompagné en pointe d'une tête de

Maure, *accolé* d'azur, à une bande d'argent enfilée de trois couronnes d'or.

300. — 833. Marie Gayot, veuve de François de Faure, conseiller du roi, trésorier des ponts-et-chaussées de la généralité de Lyon,

Porte d'or, à une bande d'azur, chargée de trois étoiles d'or et accompagnée de deux trèfles de sinople, un en chef et l'autre en pointe.

143. — 878. Etienne Faure, procureur ès-cours de Forez, à Montbrison,

Porte d'azur, à un chevron d'or, accompagné de trois pommes de pin, renversées de même, deux en chef et une en pointe.

68 — 926. François Faure, marchand de dentelle et bourgeois de la ville de Lyon : de gueules, à un chevron d'argent, chargé d'une fleur de lys de sable.

87. — 974. Claude Faure, prêtre, sociétaire de Saint-Bonnet-le-Chastel ; d'or, à un chevron de sable, chargé d'un macle d'argent.

127. — 375. Jean-Baptiste Fabre, chanoine de l'église collégiale du chapitre de Saint-Nizier,

Porte d'azur, à une fasce d'argent, accompagnée de trois têtes de léopard d'or, deux en chef et une en pointe.

GÉNÉRALITÉ DE BOURGOGNE.

326. — 233. De Faure Ferriès, prieur de Saint-Vincent, ordre de Cluny,

Porte d'azur, à deux biches affrontées d'or, rampantes contre un arbre de même et un chef d'argent, chargé de trois étoiles de gueules.

146. — 418. Antoinette Faure, fille :
Porte d'argent, à un chevron d'azur, accompagné de trois têtes de Maures tortillées d'argent, deux en chef et une en pointe.

189. — 431. Claude-Joseph Faure, prêtre et curé de Curcia, en Bresse,
Porte d'argent, à un chevron d'azur, accompagné de trois têtes de Maures de sable liées et tortillées d'argent, deux en chef et une en pointe.

169. — 628. Daniel Faure l'aîné, marchand à Besançon,
Porte d'argent, à un arbre nommé fayard, attaché de sinople, fruité de sable et un chef d'azur chargé de trois étoiles d'or.

170. — 629. Daniel Faure, le cadet, marchand à Besançon,
Porte de même.

FAMILLES DU NOM DE FAVRE.

Nous avons vu combien humble et modeste avait été l'origine des Favre de Meximieux, qui avaient dû au travail leur première aisance. Mais l'étymologie du nom patronymique présente une singulière signification ; quoique purement hypothétique, nous tenons à rapporter notre sentiment à cet égard.

Nous avons avancé au début de cet article l'opinion que le nom de Favre dérivé du latin *Faber*, *forgeron*, appartenait à une race d'hommes qui, au lieu des *Forges*, s'étaient primitivement occupés de la fabrication du *fer* ; or, il existe une inscription romaine, actuellement encastrée dans les murs de la chapelle du séminaire de Meximieux, qui porte ce qui suit :

TIB CLAVD QVIR

COINNACI ATTICI

AGRIPPIANI

PRAEF FABR

ET CLAVDIAE ATTICILIAE FILIAE

Que M. de Moyria (1) attribue à la fin du deuxième siècle et traduit ainsi :

« (Aux dieux mânes et à la mémoire) de Tibère Claude Coinnacus Atticus Agrippianus de la tribu Quirina,

(1) La Teysonnière, t. 1. p. 75.

commandant d'ouvriers militaires, et (à celle) de Claudia Atticilia sa fille. »

Est-il invraisemblable de penser que les Romains, après avoir vaincu les anciennes peuplades gauloises, et au moment où ils affermissaient leur domination par des créations qui révèlent toute la profondeur de leur génie civilisateur, aient établi au lieu des Forges, sur le territoire où fut plus tard Meximieux, un atelier de ces *ouvriers militaires, fabri*, spécialement occupés à convertir le fer en armes de guerre ? Les forêts qui couvraient à cette époque les Gaules, et spécialement le *pagus Dumbensis*, la Dombe, expliquent l'établissement de ces ateliers à proximité de *Lugdunum*, Lyon, qui devint bientôt la capitale de la plus importante des quatre provinces romaines, la Première Lyonnaise.

L'un de ces ouvriers militaires, à une époque où les noms patronymiques n'étaient point encore en usage, a donné naissance à une famille perpétuée sous le nom de *Fabri*, dont le langage français a fait plus tard FAVRE.

Nous avons, en citant les documents authentiques des archives municipales, constaté l'existence de ces Favre à Meximieux au XIIIᵉ siècle. A la même époque, nous les rencontrons à Lyon, où ils forment une branche détachée du tronc primitif et que nous appellerons plus spécialement :

A cette époque (xiiⁱᵉ siècle), Meximieux était sous la dépendance des archevêques de Lyon, depuis qu'Humbert Iᵉʳ, élu en 1605, y avait établi une maison épiscopale défendue par des tours. Il est résulté de cette possession des rapports directs et constants entre Meximieux et la primatiale des Gaules ; la répartition entre les chanoines des revenus de l'église métropolitaine pour les années 1209 et 1220, en est une preuve irrécusable, quant à la famille Favre.

Guillaume du Bessei, sacristain de l'église Saint-Etienne de Lyon, qui mourut en 1300, figure dans l'Obituaire de l'église de Lyon (1), au viᵉ jour des calendes de novembre, pour un très-grand nombre de legs pieux pour son anniversaire à perpétuité dans la plus grande église de cette ville. On y trouve le nom d'un Bernard Favre :
« (Reliquit) item domos suas sitas Lugduni retro claustrum, quas emit ab exequtoribus domni Bernardi Fabri...»

Ce Bernard Favre nous est complètement inconnu, mais la qualification de *domnus*, qui précède son nom, semble indiquer qu'il appartenait à un ordre de religieux, selon

_____

(1) Obituaire de l'Eglise de Lyon, p. 143. — Le sceau de Guillaume du Bessei, qui est encore appendu au testament de Dalmace Morel chanoine (1260), représente un pélican s'ouvrant le flanc pour alimenter ses petits. — Arch. du Rhône, Agar., vol. 2, n° 8.

cette définition de Joannes de Januâ, rapportée par Ducange (1). « Domnus et domna, per syncopem, propriè convenit *claustralibus* ; sed dominus, domina, mundanis. »

Philippe Ier de Savoie s'était démis en 1266 de l'archevêché de Lyon. Les habitants de la ville, fatigués des luttes continuelles qu'ils avaient à subir avec les officiers de justice de l'archevêque, s'assemblèrent aux sons d'une cloche, placée dans l'une des tours du pont de Saône, et nommèrent douze conseillers pour défendre leurs intérêts. En vain Gérard de Langres, évêque d'Autun, qui avait pris en main l'administration, s'opposa à ces mesures : Philippe III, roi de France, confirma cette émancipation des bourgeois de Lyon, qui purent alors élire douze d'entre eux pour les représenter.

Pierre Favre fut au nombre de ces conseillers gardiateurs ou gouverneurs de la ville de Lyon pour les années 1382, 1384, 1386, 1388, 1390 et 1391 (2).

Ce Pierre Favre, dont nous avons constaté l'existence à Meximieux, en 1380, où il produisit au terrier redigé en faveur d'Antoine de Chalamont, seigneur dudit Meximieux, s'était établi comme *notaire* à Lyon. Il est mentionné avec cette qualité au compte rendu par Jacob de

---

(1) Caroli du Fresne, domini du Cange, Glossarium, Francfort-sur-le-Mein, 1710, verbo Domnus.

(2) Voir sur l'établissement du Consulat la troisième partie de l'*Eloge historique de la ville de Lyon*, par le P. Menestrier, Lyon, Benoist Coral, 1669. C'est dans cet excellent ouvrage que nous avons relevé les dates d'exercice des Favre cités comme conseillers de ville.

Gez en 1389 (1) comme ayant reçu 24 francs (d'or) « pour le drap d'or qu'il a balie pour faire le paile (poële) à la venue du roy. » C'était l'époque de la magnifique entrée, dans la cité lyonnaise, du roi de France, Charles VI, qui, cette même année déclara franches les foires de cette ville.

Jean Favre, son frère, que mentionne également le terrier de 1380, habitait aussi Lyon où il y exerçait la profession de *ferratier*. Toujours ce métier de *forgeron*, *faber*, qui accompagne les origines de la famille. A la ville, ce n'est plus le forgeur, c'est le négociant qui vend du fer. Le métier sans doute était bon, il avait valu à Jean Favre la considération sociale. La confiance de ses concitoyens, les maîtres des métiers, l'appela en 1405 à siéger au conseil de la ville.

Cette condition de ferratier s'était perpétuée chez ses descendants. Un carnet des pennonages de 1516 établit autre Jean Favre possessionné près l'enseigne du Dauphin, à Saint-Paul (1).

Après Rolin Favre, conseiller de ville en 1528, on rencontre :

Jean Favre, pour les années 1533, 1537 et 1538.

Humbert Favre, 1539, 1540, 1545, 1551 et 1561. Pro-

(1) V. de Valous, les Origines des Familles consulaires de la ville de Lyon, A. Brun, 1863. — Ce consciencieux travail, qui a obtenu l'année même de sa publication les honneurs du *feu*, est devenu rare et a atteint dans les ventes les prix les plus élevés.

Les renseignements exacts et précieux qu'il renferme sur beaucoup de familles, sont extraits des documents officiels déposés aux archives municipales de Lyon.

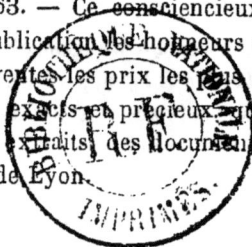

bablement encore le même qu'on trouve bourgeois de Meximieux, où il continue la filiation des Favre.

Thomas Favre, en 1566, 1567 et 1571.

En 1568, le frère du précédent, Guillaume Favre « est cité au nombre des marchands assemblés le 20 juin 1578, pour porter plainte contre les commissaires royaux qui empêchaient les étrangers d'importer à Lyon les monnaies de leur pays. » Ce Guillaume Favre fut conseiller de ville en 1569, 1574, 1580 et 1586. Ce fut lui, probablement, qui, avec Jeanne Reynier, sa femme, fut enterré en l'église des Célestins (1).

Ces conseillers de ville (2), désignés à la fin du xv° siècle, sous le nom d'*Echevins*, avaient reçu « de Charles VIII, en 1495, ainsi que leur postérité née et à naître en loyal mariage, le privilége de noblesse avec toutes les franchises et libertés dont jouissaient les autres nobles du royaume, pouvoir de venir à l'Etat et ordre de chevalerie en temps et lieu, et acquérir, dans le Dauphiné et tout le reste du royaume, fiefs, arrière-fiefs, juridictions, seigneuries et nobles tènements sans payer aucune finance et affranchissement de chevauchées, bans, arrière-bans. » Ces priviléges leur furent confirmés par un grand nombre d'arrêts subséquents, mais à la condition pour eux de vivre noblement, c'est-à-dire qu'ils ne se livreraient

(1) Steyert, *Armorial du Lyonnais, Forez et Beaujolais*, verbo Faure. — Lyon, A. Brun, 1860.

(2) Menestrier, deuxième partie. p. 90.

à aucun commerce ou n'exerceraient aucune profession dérogeante telles que celles de notaire, procureur, etc.

La qualification de notaire appliquée à Pierre Favre, en 1389, celle de ferratier à Jean Favre, en 1568, de marchand à Guillaume Favre, en 1578, attestent qu'ils préférèrent à un privilége antérieur de noblesse, l'office ou le trafic qui les enrichissaient ; mais ils pouvaient obtenir ensuite des lettres de réhabilitation ou encore justifier de leurs certificats d'échevinage pour reconquérir la noblesse.

C'est ce qui explique que beaucoup de familles d'ancienne extraction noble se livrèrent au négoce pour refaire leur fortune et acceptèrent ensuite l'échevinage comme premier titre d'entrée dans la noblesse. Ce titre en valait bien un autre puisqu'ils le devaient au libre suffrage de leurs concitoyens, au lieu de l'acheter à beaux deniers comptants par une charge anoblissante.

Les documents nous manquent pour suivre la filiation de cette antique race des Favre lyonnais. Les registres paroissiaux de la paroisse de Sainte-Croix ne commencent qu'en 1590. Ce n'est que dès cette époque que la généalogie s'établit authentiquement. Nous allons la produire en y joignant les noms des parrains et des marraines, chaque fois que ces noms paraissent intéressants.

Cette longue nomenclature pourra sembler inutile et inopportune à ceux qui se refusent à voir l'importance qu'ont, dans l'histoire des provinces, les généalogies. Mais cette citation est suffisamment justifiée par l'intérêt qu'elle peut offrir à cause des noms qu'elle contient pour la filiation d'autres familles.

Les registres paroissiaux établissent l'existence, à la fin du xvie siècle, de huit personnages du même nom de Favre, tous procureurs ou avocats ès cours de Lyon, qui paraissent être frères. Un seul occupe une charge de noblesse, celle de conseiller du roi, président des gabelles en la généralité de Lyon.

Ce sont :

1° François Favre, procureur ès-cours de Lyon.

2° Léonard Favre, procureur ès-cours de Lyon.

3° Arnaud Favre, procureur ès-cours de Lyon.

4° Jehan Favre, avocat ès-cours de Lyon.

5° Autre Jehan Favre, procureur ès-cours de Lyon.

6° Alexandre Favre, conseiller du roi et président des gabelles de la généralité de Lyon.

7° Jean Favre, procureur ès-cours de Lyon.

8° Benoît Favre, procureur ès-cours de Lyon.

N'ayant entre les mains aucun document qui puisse nous indiquer les noms des pères et des mères, nous rapporterons successivement leur postérité en expliquant que deux seulement ont fait souche : ils viendront les derniers (1).

I. Léonard Favre, procureur ès-cours, qui devint plus

(1) Une inscription lapidaire sur le portail de l'ancienne église de Bessenay, constate le mariage d'une demoiselle Favre avec M. Mamert de Jussieu, d'une famille illustre de Lyon, qui a donné cinq

tard (1595) notaire à Lyon, où on le rencontre marié à Andrée Micollaud.

Ses enfants furent :

1° Marguerite Favre, baptisée le 4 septembre 1590 en l'église paroissiale de Sainte-Croix. Furent parrain, noble Henri de Tourvéon, chanoine de l'église Saint-Just de Lyon, et marraine, Marguerite.....

2° Méraude Favre, le 8 mai 1595 ; parrain, Jean Bronier, docteur en droit ; marraine, Méraude Croppet, femme de M. Justinien Merlier, docteur et avocat.

3° André, qui suit.

II. André Favre, notaire et tabellion royal, 1626, marié à Antoinette Cany, dont il eut :

1° Jacob Favre, le 6 avril 1626. P. Jacob Greuse, docteur ès-droits, avocat ès-cours de Lyon ; M. Blanche....., femme de Martin Méalland, aussi notaire royal.

2° Jean Favre, le 22 juillet 1627. P. Jean Favrin, notaire royal, bourgeois de Lyon ; M. Françoise Vigier, femme de Jehan Valluy, notaire royal.

3° Claude Favre, le 23 mars 1630. P. Claude Ducreulx, procureur ès-cours de Lyon ; M. Jeanne Mallard, femme de Jacques Girard.

membres à l'Académie française et deux au conseil d'Etat ; cette inscription est ainsi conçue :

MM. de Jussieu et Mme Faure de Jussieu, aidés de MM. les Chanoines comtes de Lyon, ont fait relever ce portail, 20 may 1620.

M. Mamert de Jussieu eut pour fils M. Nicolas de Jussieu, écuyer-conseiller en la cour des monnaies de Lyon, seigneur de Montluel.

Sur une autre porte de l'Eglise de Bessenay, cette autre inscription :

En may 1643, M. Mermet de Jussieu et M. Laurent de Jussieu, conseiller dv roy et eslev en lelection de Lyon, ont fait faire ce portail. — PRIES DIEV POVR EVLX.

4° Suzanne Favre, le 26 octobre 1631. P. Jean Terras-
son, procureur ès-cours de Lyon ; M. Suzanne Ron-
chal.

5° Catherine Favre, le 19 janvier 1635. P. Jean Guil-
lard, praticien à Lyon ; M. Catherine Masservy,
femme de Me Loys Drivon, procureur ès-cours de
Lyon.

6° Anne Favre, le 12 août 1636. P. Antoine Charrin,
procureur ès-cours de Lyon ; M. Anne Ducoing.

I. Benoist Favre, procureur ès-cours de Lyon, marié
à dem^{elle} Héléonore Canisier : fille

Marguerite Favre, baptisée le 24 décembre 1618.
Parrain, Philippe Millier, procureur ès-cours dudit
Lyon; marraine, demoiselle Marguerite Girinot,
femme de noble Pierre Pinot, avocat en l'élection
du Lyonnais.

I. Jean Favre, procureur ès-cours de Lyon, époux
de dame Anne de la Vallière, dont il paraît n'avoir eu
qu'un seul enfant :

Jeanne Favre, le 10 novembre 1618. Parrain Barthélemy Ballon, marchand à Lyon; marraine, dame Catherine de la Vallière. — Elle est morte le 22 avril
1687, veuve Dutel.

I. Autre Jehan Favre, advocat ès-cours de Lyon, lequel
eut de son mariage avec Estiennette Humbert :

1° Balthazard, baptisé le 2 mars 1596. Parrain, noble
Balthazard du Villard, conseiller du Roy, trésorier
général de France ; marraine, Rolande Duflos,
femme de M. Richard.

I. Autre Jehan Favre, notaire de l'officialité et banquier ès-cour de Rome, et dame Claudine Colombet (1), sa femme; d'où :

1º Philiberte Favre, le 31 juillet 1604. Parrain, Nicolas Michaud, bachelier ès-droits, chanoine de Saint-Nizier ; marraine, Philiberte Bourdon, veuve de M. de Bonvoisin.

2º André Favre, le 11 janvier 1606. P. André Milon, procureur ès-cours de Lyon ; M. Aimée Croppet, femme de M. le trésorier.....

3º Claude Favre, le 15 août 1609. P. Claude Linot, advocat ès-cours de Lyon ; M. Claudine Gondard, femme de Mᵉ Charreton, procureur ès-cours de Lyon.

4º Geneviève Favre, le 6 août 1614. P. Nicolas Bouquet, marchand de Lyon ; M. Marguerite Néronde, femme de noble Guillaume de Villard, advocat ès-cours de Lyon.

5º Hugues Favre, le 16 mars 1618. P. Hugues de Saint-Paul , commissaire examinateur à Lyon ; M. Marguerite de Roux.

6º Autre Geneviefve Favre, le 20 mai 1620. P. noble François Scarron, seigneur de Privas, conseiller du Roy et receveur général de ses finances en la généralité de Lyon ; M. Geneviefve Peraud, femme de Jean-François de Pradel.

I. Noble Alexandre Favre, conseiller du Roy et prési-

(1) On trouve un Colombet, trésorier de Forez, qui portait pour armoiries : d'azur au chevron d'or accompagné en pointe d'une colombe d'argent tenant en son bec un rameau d'or, au chef cousu de gueules chargé de trois trèfles d'or. — Nous ne savons si Claudine Colombet appartenait à cette famille.

dent général des gabelles de la généralité de Lyon, eut de son mariage avec demoiselle Gyzier :

1º Marie Favre, le 15 février 1614. P. noble Jean-Baptiste Sande, conseiller du Roy et trésorier général de France, et marraine, dame Sibille-Marie.....

2º Charlotte, le 8 février 1616. P. noble Gaspard Dugué, conseiller du Roy, trésorier général de France ; M. Charlotte du Tholin, femme de noble Benoît du Pomey, seigneur de la Frasse.

3º François Favre, le 18 juillet 1617. P. noble François de Merla, trésorier général de France à Lyon; M. Hisabeau Haloys.

I. Arnaud Favre, procureur ès-cour de Lyon en 1590, qui de son union avec Isabeau Coullaud (1), eut :

1º Richard Favre, le 24 décembre 1590. P. noble Richard de Charassin, conseiller du Roy ; M. Claudine Favre, femme à noble Louis Prost.

2º Marie Favre, le 12 janvier 1592. P. Guillaume de Charansy, fermier général du Lyonnais ; M. Marie Coullaud, femme de M. Henry Grand, avocat.

3º Laurent Favre, le 5 novembre 1595. P. noble Laurent Mollier, seigneur de.....; M. Ysabeau Mollier, dame de Chansy.

4º François Favre, le 17 septembre 1598. P. noble François Bullioud, bougeois de Lyon ; M. Marguerite Thomas, femme de M. du Pomeys.

(1) Claude Coulaud, conseiller de ville à Lyon, en 1582, portait : de gueules à trois besans d'or, au chef d'argent chargé d'un lion issant de gueules. — Steyert.

I. François Favre, procureur ès-cours de Lyon, marié à Jeanne Bellon.

De ce mariage vinrent :

1º Jehan Favre, qui succéda à son père en sa charge de procureur et épousa demoiselle Alix Loys (1), dont il eut :

A. Jeanne Favre, baptisée le 31 juillet 1613. Parrain, noble messire Jean Loys, conseiller du Roy, président de l'élection du Lyonnais ; marraine, dame Jehanne Bellon, veuve François Favre, quand il vivait procureur ès-cours de Lyon.

B. Christophe Favre, le 10 novembre 1615. P. Christophe Favre, praticien ; M. Marguerite Thomas, femme de noble Odet Croppet, conseiller du Roy en la sénéchaussée et siége présidial de Lyon.

C. André Favre, le 29 août 1618. P. André Garnier, marchand drapier de Lyon ; M. Louise de Saint-Ignand, veuve de feu noble Laurent Roland, vivant conseiller du Roy.

D. Anthoinette Favre, le 28 août 1622. P. noble Horace Cardon ; M. Anthoinette de Brossette, femme Jean de Vuldy, intendant de la douane à Lyon.

E. Claude Favre, le 11 juin 1624. P. Claude Blandin, marchand bourgeois de Lyon, M. Eléonore Ministre, femme de Clément Favre, docteur en droit, advocat ès-cours de Lyon.

F. Marie Favre, le 17 août 1625. P. Jehan Loys,

(1) Famille noble de Suisse, dont Lachesnaye des Bois donne la généalogie depuis Mormet Loys, damoiseau, 1401.

Armes : d'azur à un demi-vol d'or. — Steyert.

La filiation donnée par Lachesnaye ne mentionne pas cette branche lyonnaise dont était noble Messire Jean Loys, conseiller du roi, président de l'élection du Lyonnais.

fils de M. Estienne Loys, conseiller du Roy ; M. Jeanneton Favre, fille du susnommé Mᵉ Jean Favre.

G. Léonore Favre, le 16 novembre 1627. P. Claude-Pierre Chevallier, trésorier de France en la généralité de Lyon ; M. Léonore Carlin, veuve de noble Hugues Lombar, vivant conseiller du Roy, président des gabelles du Lionnais.

H. Pierre Favre, le 26 mai 1629. P. Pierre Croppet, docteur ès-droits, advocat ès-cours de Lyon ; M. demoiselle Pierrette Mollandier, femme de Mᵉ Antoine Loys, aussi docteur ès-droits et advocat ès-cours.

I. Jeanne Favre, le 16 février 1631. P. Pierre Loys, bourgeois de Lyon ; M. Jeanne Fargue.

2º Marguerite Favre, baptisée le 16 janvier 1590. P. Jacques Croppet, bourgeois de Lyon, capitaine pennon du quartier du Concert ; marraine, Marguerite Guilloud, sa femme.

3º Clément Favre, baptisé le 14 octobre 1591. Parrain Clément Bastin, enquêteur commissaire exécuteur au siége de Lyon ; marraine Eléonore de Tourvéon femme de Jehan Clerc, consul.

Clément Favre est mentionné dans l'acte baptistaire de Clément Trye, du 26 février 1653, église de Sainte-Croix, dont il fut parrain, conseiller du Roy, en l'élection du Lyonnais (1).

---

(1) On trouve, dans une sentence de l'élection de Saint-Etienne du 24 janvier 1730, qui condamne la femme de Laurent Tardy à être admonestée et bannie pour un an du ressort de l'élection pour entrepôts et troubles faits aux commis des Aydes dans leurs fonctions, que ses juges furent :

Christophle de Colomb, sieur d'Ecotay, conseiller du Roy, prési-

Il eut, de son mariage avec Eléonore Ministre, huit enfants, savoir :

A. Magdeleine Favre, baptisée le 24 janvier 1617. P. Benoît Mazuyer, chanoine de l'église de Saint-Paul ; M. Magdeleine Favre, femme de Philippe Mathieu, procureur.

B. Pierre Favre, le 18 août 1622. P. Pierre Favre, procureur, oncle du baptisé ; M. Jeanne Girard, femme de Me Jacob Grand, advocat aux cours de Lyon.

C. Antoine Favre, le 30 mars 1624. P. Antoine Boiron, greffier en la sénéchaussée; M. Claire Ministre, femme de Me Jean Midière, notaire royal.

D. Marguerite Favre, le 22 août 1627. P. Jean Durieu, greffier de la chambre en la généralité et siége présidial de Lyon; M. Marguerite Gonin, veuve de feu sieur Ennemond Prévot, marchand à Lyon.

E. Catherine Favre, le 7 juillet 1629. P. André Favre, procureur ès-cours de Lyon ; M. Catherine Ministre, femme de Jean Duthier, greffier de la sénéchaussée et siége présidial de Lyon.

F. Alix Favre, le 6 novembre 1630. P. Anthoyne Chausse, aussi advocat ès-cours de Lyon ; M. Alix Loys, femme de Jean Favre, procureur ès-cours de Lyon.

G. Jeanne Favre, le 28 mai 1632. P. Jean Derimont, docteur ès-droits, advocat ès-cours de Lyon ;

dent ; Jean-Louis Bourbon sieur d'Esgaux, aussi conseiller du Roy, Lieutenant, *Clément Favre*, Antoine Chovet et Jean-Joseph Mazenod, sieur Ducluzet, de même conseiller du Roy, Eleus en l'élection dudit Saint-Estienne... — Imprimé à Lyon, chez Valfray, rue Mercière, 1730, une feuille in-4º.

M. Jeanne Favre, femme de Jean Trie, aussi advocat ès-cours de Lyon.

H. Catherine Favre, le 18 janvier 1634. P. noble Jean-Baptiste Garde, conseiller du Roy, trésorier général de France; M. Catherine Garde.

4° Pierre Favre, qui continue la descendance.

5° François Favre, né le 23 février 1596, mais qui ne fut baptisé que le 31 août suivant ; il fut tenu par Jean de Muzine, conseiller du Roy, trésorier général de France, et par Léonore Carret.

6° André Favre, le 18 janvier 1597. Parrain noble André Austrang, conseiller du Roy, président général et juge criminel ; marraine Madeleine Garnier, veuve de Mre Odet Croppet, quand vivait greffier criminel. Cet André Favre devint trésorier, conseiller en la généralité du Dauphiné (1).

7° Madeleine Favre, le 30 mai 1606. P. Jean Favre, praticien ; M. Madeleine Favre, femme de Pierre Millaud, procureur ès-cours de Lyon.

II. Pierre Favre, baptisé à l'église de Sainte-Croix de Lyon, le 25 octobre 1594, où il fut tenu par Mre Pierre Amyot, conseiller du Roy, et par dame Jeanne Rappon, femme de Me André Trye, procureur ès-cours de Lyon.

Pierre Favre est qualifié, dans l'acte de baptême de Pierre-François Favre en 1643, de capitaine châtelain de Thizy, Fontaines, La Tour de Salvagny et Lentilly.

(1) Marraine de Clément Trye, le 26 février 1653, église de Sainte-Croix : Catherine Chaboud, femme de Jean-André Faure, conseiller et trésorier en la généralité du Dauphiné.

Il épousa Jeanne Girard (1), qui lui donna nombreuse lignée :

1º Léonard Favre, qui forme le degré suivant.

2º Jeanne Favre, baptisée le 15 février 1623. Parrain, Claude Durieulx, procureur ès-cours de Lyon ; marraine, dame Jeanne Mégret.

3º Catherine Favre, le 17 août 1624. P. noble André Thomas, président général des gabelles ; M. Catherine de la Balme, femme de Pierre..., conseiller du Roy et assesseur criminel.

4º Christine Favre, le 16 novembre 1625. P. noble Laurent Garbod, advocat ès-cours de Lyon ; M. Christine Fabiez, femme de sieur François Basset, bourgeois de Lyon.

5º César Favre, le 23 novembre 1627. P. César Béraud, trésorier général de France ; M. Marie Dussieu, femme de noble Jean-Baptiste Staron, conseiller du Roy, maison et couronne de France.

6º Aimé-Claude Favre, le 24 mars 1630. P. Edme Foulquier, chanoine de l'église de Lyon ; M. Claude de Mallin, femme de Mᵉ Christophe de Chalmazel, baron de Sertas.

7º Charles Favre, le 11 août 1631, P. noble Charles Dumay, conseiller du Roy, assesseur ordinaire des guerres ; M. Nicole Bouchaud, femme de noble Pierre Mollier, conseiller du Roy.

8º Louise Favre, le 13 juin 1633. P. Estienne Rameau, marchand affineur d'or et d'argent à la monnaie de Lyon ; M. Louise.....

9º François Favre, le 19 août 1634. P. noble François

---

(1) Girard, famille dont était François Girard, conseiller de ville en 1585.

Armes : Bandé d'argent et d'azur au chef de gueules chargé de trois trèfles d'or. — Steyert.

Goujon, advocat ès-cours de Lyon ; M. Catherine de Guibly, femme de Pierre Bernard, bourgeois.

10° Marie Favre, le 9 octobre 1636. P. Jean Brenod, marchand à Lyon. M. Marie Ducreux.

11° Jeanne Favre, le 20 décembre 1638. P. noble Etienne Chabert, président de la sénéchaussée de Lyon ; M. Jeanne Michalin. — Elle épousa Jean-Baptiste Dutel.

12° Marie-Laurence Favre, le 4 juillet 1640. P. Laurent de Simian, trésorier de France à Lyon ; M. Marie de Simian, femme de M. Bertrand de Simian.

13° Pierre-François Favre, le 16 janvier 1643. P. Pierre-Françoys, conseiller du Roy ; M. Sébille Sut, femme de Mᵣᵉ Loys Le Roux, conseiller du Roy.

III. Léonard Favre fut baptisé à l'église Sainte-Croix de Lyon, le 12 mars 1621 : assistèrent comme parrain Léonard Girard, bourgeois de Lyon, et marraine Jeanne Girard, veuve de Pierre Duboys, quand vivait procureur ès-cours de Lyon.

Ce Léonard Favre, banquier ès-cour de Rome, épousa, suivant contrat du 30 juin 1657, devant Prost, notaire royal à Lyon, damoiselle Marie Trye, fille de messire Jean Trye (1), docteur ès-droits, advocat ès-cours dudit Lyon, et de damoiselle Jeanne Favre.

(1) Mathieu Trye, procureur ès cours de Lyon, avait épousé Magdelene Montginot, dont il eut :

1° Marie Trye, femme Jacques Izoard, procureur ès cours de Lyon ;

2° François Trye ;

3° Jean Trye, docteur en droits, advocat ès cours de Lyon, marié à Jeanne Favre. Enfants :

Parmi les apports de la future, citons le don qui lui fut fait d'une maison haute, moyenne et basse, rue des Bourchannes, à Lyon, où est pour enseigne le *Mouton*, laquelle fut de damoiselle Jeanne Girard, sa tante. Elle recueillit ensuite d'une donation postérieure, reçue par le même notaire le 7 mars 1672, des biens à Bessenay qui étaient des rentes nobles du sieur marquis de Chamazel et seigneur du Mas de Bessenay, et des infirmiers de l'Abbaye royale de Savigny.

Léonard Favre devint capitaine châtelain de la justice de Bessenay.

Nous ne lui connaissons que le fils qui suit :

IV. Christophe Favre, procureur ès-cours de Lyon, châtelain de Thizy, Fontaines, La Tour de Salvagny et Lentilly, lequel fut enterré à l'église paroissiale de Bessenay le 2 mars 1725, présence de Jean Fory, chapelain de Saint-Bonnet-le-Froid, et de Jean-Irénée et de Pierre de La Roue, frères.

Il était marié avec Marie de La Roue, fille de Jean de

A. Marie Trye, baptisée le 25 avril 1631.
B. Blandine Trye, le 25 janvier 1641.
C. Françoise Trye, le 12 juin 1645.
D. Jean-André Trye, le 24 janvier 1647.
E. Alix Trye, le 9 février 1649.
F. Clément Trye, le 26 février 1653.

Armes : de gueules à trois étoiles d'or rangées en fasce.

La Roue (1), notaire royal, et de Catherine Metton ; leurs enfants furent :

 1e Catherine Favre, le 27 avril 1692. Parrain, François Favre, son oncle paternel; marraine, Catherine Metton, femme de feu Jean de La Roue, en son vivant notaire royal. — Elle épousa Jean Roux, maître pharmacien à Montbrison (2).

 2o Pierre Favre, qui continuera.

 3e Marie Favre, mentionnée en l'acte baptistaire de sa nièce, Claudine-Marie, le 19 février 1730. — Elle épousa M. Julliard et eut une fille :

  Catherine Julliard, mariée à Anselme Mercier, maître chirurgien à Lyon.

V. Pierre Favre. qui reçut les cérémonies du baptème en l'église de Saint-Paul de Lyon, le 25 octobre 1693, où il fut tenu par Pierre Julliard, bourgeois de Lyon, et par Madeleine Trie, femme de François Favre.

Il se fit délivrer, le 24 février 1747, des *lettres de bourgeoisie,* où il est dit : « que ledit Pierre Favre est déclaré

(1) Cette famille bourgeoise paraît complètement distincte des La Roue, originaires de Cluny, dont était Pierre de la Roue, échevin à Lyon, en 1689. — Nous rapporterons la généalogie de ces derniers dans l'*Histoire de la Curée, de la maison Hüe et de ses alliances,* que nous préparons.

(2) Acte de description au décès de Pierre de la Roue, vivant bourgeois de Bessenay, du 18 février 1739. Cet acte mentionne Jean de la Roue, notaire royal, marié à Catherine Metton, suivant contrat du 25 janvier 1656 (reçu Virissel, notaire), qui eut pour enfants :

1o Pierre de la Roue, décédé le 17 février 1739, à Bessenay, laissant : Jean Irénée, Louis et François de la Roue.

2e Hélène de la Roue, mariée à Louis Aguiraud.

vray bourgeois et originaire de Lyon ; qu'en cette qualité, il jouira des priviléges et exemptions accordées par nos roys aux véritables bourgeois et originaires de Lyon, tant qu'il ne fera pas acte dérogeant à son privilége et continuera sa résidence en cette ville et au moins sept mois de chaque année, ordonne en conséquence que deffenses soient faites de le troubler dans la possession et jouissance desdits priviléges.

« Fait et arrêté en la chambre du Conseil de la dite élection de Lyon, le vendredy vingt-quatre févri er mil sept cent quarante-sept. *Signé*, Charezin, Chalamel, Sandrin de Champdieu et Guillin.......»

Observons que ces lettres ne lui furent octroyées que pour faire *rafraichir son privilége* dans le but de l'autoriser à vendre cinquante ânées de vin recueillies dans ses propriétés, et d'annoncer cette vente par la suspension du *bouchon* au-dessus de sa porte.

En 1753, il était notaire royal à Lyon, où il décéda le 15 mai 1762, âgé de 53 ans, après avoir fait son testament le 12 janvier précédent, devant Girard, notaire royal ; on y trouve mentionnés les enfants qui suivent, issus de son mariage avec Etiennette Michallet, fille de Pierre Michallet, bourgeois de Lyon (1), et de Marguerite Charavay :

(1) Michalet à Lyon : Tranché d'or et de sable à un lion de même de l'un en l'autre. — Steyert.

3

1º Léonard Favre, religieux minime, le 19 décembre 1751, mort pendant le siége de Lyon à Pouilly-lès-Feurs où il était curé.

2º Marguerite Favre l'aînée, baptisée le 12 février 1727. Parrain, Pierre de la Roue, bourgeois de Lyon ; marraine, Marguerite Charavay, veuve de M. Michallet.

Elle épousa Edme-Claude Lapoix de Fréminville (1), commissaire ès-droits seigneuriaux.

3º Claudine-Marie Favre, le 19 février 1730. P. Claude de la Roche, bourgeois de Lyon ; M. Marie Favre, fille de Christophe Favre. Elle épousa Mᵉ Durand, notaire à Bruliolles, dont le petit-fils fut notaire à Haute-Rivoire.

4º Elisabeth-Théodore Favre, qui continue.

5º Catherine Favre, le 8 mai 1736. P. Jean-Baptiste-Claude Maillard, praticien; M. Catherine Favre.

Elle épousa Philippe Capella (2), maître chirurgien juré à la Croix-Rousse.

6º Claire Favre.

7º Marguerite Favre la jeune, née le 5 février 1740, mariée à son cousin germain, Anselme Maillard, fils de Jean-Baptiste Maillard, procureur ès-cours de Lyon, et de Marie-Anne Favre.

VI. Elisabeth-Théodore Favre, baptisé en l'église de Saint-Irénée de Lyon, le 17 avril 1735. Furent parrain, Mᵉ Théodore Dupont, conseiller du Roy, notaire à Lyon, et marraine Elisabeth Constant.

---

(1) Originaires de Bourgogne, les la Poix de Fréminville ont pour armoiries : d'azur au chevron d'argent accompagné de trois coquilles d'or au chef du même chargé de trois bandes de gueules.

(2) Capella : d'azur à une chapelle d'argent. — Steyert.

Il reçut, le 5 décembre 1758, de Mre Alexandre-François d'Albon, archidiacre, comte de Lyon, seigneur de Sainte-Foy-lèz-Lyon, Tassin, Charbonnières, Lentilly, la Tour de Salvagny et dépendances, des lettres de capitaine châtelain et lieutenant de juge en la justice de Lentilly, la Tour de Salvagny et dépendances, par suite de la démission de Pierre Favre, notaire royal, son frère.

Il augmentait bientôt ces importantes fonctions de nouvelles provisions que déjà son père avait cumulées : le 10 novembre 1762, François de Clugny, aumônier du Roy, abbé de Saligny, vicaire général de l'évêché d'Autun, prévôt de Fourvière en l'église de Lyon, seigneur mensionnaire de la terre et juridiction d'Ecully, partie de la paroisse de Vaise, les quartiers de l'Observance et des Deux-Amants, faubourgs de Lyon, etc., lui signa des lettres de capitaine châtelain pour la juridiction d'Ecully.

Des envieux contestèrent l'intégrité de sa religion; il lui fallut pour réfuter ces calommies le certificat suivant :

« Gabriel-César de Saint-Aulbin de Saligny, abbé de Préaux, archidiacre de l'église, comte de Lyon, attesta, le 26 février 1763, que Me Théodore Favre, bachelier de l'un et l'autre droit, procureur aux cours de Lyon, demeurant en la paroisse de Sainte-Croix, était né de parents anciens catholiques et lui même professait la religion catholique, apostolique et romaine. »

Il décéda à l'âge de 45 ans : il fut présenté dans l'église paroissiale de Sainte-Croix où l'on chanta le repos prescrit par le processionnal et fut transféré dans l'église des religieux minimes où il avait fait élection de sépulture.

De son union avec Marie-Héleine-Hersmule Duport (1) d'une famille originaire de Normandie, il laissait deux enfants :

    1° René Favre, dont l'article suivra.

    2° Jean-Baptiste Favre, employé au bureau de l'enregistrement à Lyon (6 vent. an III), avoué (2), rue Tramassac (an XI), puis juge d'instruction à Lyon. Il est père de :

        A. Jules Favre, notaire à Lyon.

        B. Antoine Favre, négociant en la même ville.

        C. Edouard Favre, procureur du Roy.

VII. René Favre, qui fut, sous la république, administrateur du district de la campagne de Lyon.

Cette ville avait été une des premières à embrasser la cause de la révolution : la démolition de Pierre-Scize, prison d'état, avait répondu à la destruction de la Bastille dans la capitale. Mais les excès du Piémontais Chalier et de ses séides, amenèrent une contre-révolution : les membres de la Commission révolutionnaire portèrent, à leur tour, leurs têtes sur l'échafaud qu'ils avaient rougi du sang des

---

(1) Duport, trésorier de France à Lyon : pallé contrepallé d'azur et d'or de cinq pièces. — L'armorial de Normandie, par Chevillard, ne mentionne aucune famille du nom de *Duport* ou *du Port ;* elle a donc été anoblie en Lyonnais par cette charge de trésorier de France.

(2) Il est ainsi qualifié dans l'acte de décès, du 11 prairial an XI, de sa tante Bonne Hélène Duport, veuve Jean-Claude Roubaud, officier de santé à Paris. décédé à Lyon, le 8.

Lyonnais suspects. La ville irritée se donna pour chef le royaliste de Précy qui, à la tête d'une milice d'environ 11,000 hommes et de quelques pièces de canon, osa résister à la Convention ; les généraux républicains Kellermann et Doppet vinrent assiéger la place rebelle au milieu de juillet 1793. Couthon les appuya avec 25,000 volontaires ramassés en Auvergne.

Les Lyonnais (1) s'armèrent tous à la hâte pour résister à l'armée assiégeante : René Favre, chargé de la partie des subsistances, siégea en permanence à l'Hôtel-de-Ville. Aussi ses biens furent-ils immédiatement saisis et confisqués au profit de la république par les représentants de l'armée des Alpes, par un arrêté du 24 août 1793 : il fut proscrit comme rebelle. Il s'empressa d'envoyer à Bessenay sa femme et ses enfants.

Le dévouement et la valeur des assiégés ne purent tenir contre la persistance des soldats de la Convention sans cesse ravitaillés : le 8 octobre, Lyon dut se rendre après 60 jours d'un siége terrible. Le brave de Précy opéra sa retraite par Vaise, mais il perdit presque toute sa troupe avant de pouvoir gagner la Suisse.

(1) René Favre a raconté les divers évènements du siége de Lyon dans un travail dont le manuscrit nous a été communiqué, ayant pour titre : *Impressions d'enfance ou Récit du temps passé.* C'est une narration curieuse et bien dite, remplie d'intérêt pour la famille, dont l'auteur raconte les angoisses et les souffrances durant cette période de douleurs et d'inquiétudes. Nous ignorons si ce manuscrit a été imprimé.

René Favre était sorti de Lyon avec son frère Jean-Baptiste aux dernières heures de la nuit : il ne reparut plus, on suppose qu'il fut dépouillé par les paysans de Saint-Cyr et massacré ensuite.

Plus heureux, Jean-Baptiste Favre, fait prisonnier par un hussard, fut ramené à Lyon et enfermé aux Recluses de Saint-Joseph.

Ce ne fut que trois ans après que Marguerite Aguiraud, femme de René Favre, reçut la lettre écrite par son mari, le 8 octobre 1793 :

« Tout est perdu, ma chère et bonne amie ; de la fermeté et du courage, voilà ce que je te recommande ; tes vertus et tes sentiments de piété me sont un sûr garant que tu ne t'oublieras pas dans le moment que tu auras appris l'entrée de nos ennemis ou que tu sauras ma mort.

« Qui a su vivre, ma bonne amie, en honnête homme pendant un certain nombre d'années, peut bien savoir mourir un quart d'heure ; j'attends cet anéantissement comme un bienfait du ciel, car la vie est un bien pesant fardeau, quand on la passe comme je l'ai passée.

« Je ne te dis rien de mes enfants, j'ai embrassé hier mon petit pour la dernière fois, rappelle-moi quelquefois dans leur souvenir, surtout parle-leur des malheurs de leur père ; ils n'auront jamais à rougir de m'avoir eu pour père.

« Si jamais tu rentrais dans mes biens, ce que j'espère, parce que la vertu doit avoir le dessus sur le crime, fais entre mes enfants un égal partage, surtout réserve le chef-lieu pour mon fils.

« Adieu, ma chère et bonne amie, sois toujours une bonne mère, comme tu l'as été jusqu'à présent ; prends soin de ma mère, embrasse la tienne et témoigne-lui ma reconnaissance.

« Nous nous réunirons au tombeau, mais que la fermeté ne t'abandonne pas ; l'honnête homme, l'homme vertueux ne doit rien craindre de la mort.

« Adieu pour jamais ! Le meilleur et le plus fidèle de tes amis,

« FAVRE. »

René Favre laissait de son mariage avec Marguerite Aguiraud (1), fille de Jacques-Etienne Aguiraud, conseiller du Roy et contrôleur au grenier à sel de la ville de

----

(1) Excellente famille du Forez dont était Jacques-Estienne Aguiraud, notaire royal à Bellegarde, puis contrôleur au grenier à sel de Montbrison ; il avait épousé Claudine Seurre, fille de Jean Seurre, notaire royal et châtelain de Bellegarde, et en eut sept enfants :

1° Claudine Aguiraud, mariée à Nicolas Chomat ;

2° Marguerite Aguiraud, religieuse Augustine ;

3° Jean Aguiraud, rentier à Bellegarde ;

4° Jean-Benoît-Marie Aguiraud, avoué au tribunal civil de Lyon, 23, rue Saint-Jean ;

5° Jean-Louis Aguiraud aîné, à Bellegarde ;

6° Marguerite Aguiraud, veuve de René Favre, morte à Lyon, rue du Bœuf, le 17 février 1834 ;

7° Marie-Denis-Antoine Aguiraud.

Armoiries : D... à une main mouvant du chef et tenant une couronne de laurier d... au chef d... chargé de 3 étoiles d... (cachet du temps).

Montbrison, et notaire royal, et de Claudine Seurre, les enfants (1) qui suivent :

1° Jean-Marie Favre, qui continue ;

2° Elise Favre, mariée à M. Laurent.

VIII. Jean-Marie Favre, né le 21 septembre 1786, à Chazelles-sur-Lyon. A son baptême furent parrain Jean-Marie Aguiraud, curé de Saint-Genest-Lerpt, oncle maternel (2), et marraine Claudine Seurre, veuve de *noble* Jacques-Etienne Aguiraud, vivant, contrôleur du grenier à sel de Montbrison, grand'mère.

Notaire à Lyon en février 1815, M. Favre quitta ces fonctions pour entrer dans la magistrature. Le 7 mai 1823, il fut nommé juge de paix du 6ᵉ arrondissement, et, le 26 septembre 1835, du 3ᵉ arrondissement. Pendant cette longue

(1) Le 6 ventôse an 3, eut lieu devant M. Boyron, juge de paix, un conseil de famille qui maintient la tutelle à Marguerite Aguiraud ; y assistèrent les parents dont les noms suivent :

Jean-Baptiste-Claude Favre, employé au bureau de l'enregistrement à Lyon, y demeurant, 29 ans, oncle paternel.

Antoine Aguiraud, marchand à Lyon, rue du Garret, 39 ans, oncle maternel.

Jean Aguiraud, cultivateur, résidant à Bellegarde, 36 ans, oncle maternel.

Jean-Benoît Aguiraud, homme de loi à Lyon, place de la Raison, 32 ans, oncle maternel.

— Cette dénomination de *place de la Raison* nous rappelle que nous sommes en pleine République démocratique une et indivisible !

(2) Jean-Marie Aguiraud, bachelier en Sorbonne, curé de la paroisse de St-Genest-Lerpt-en-Forez, fut guillotiné, à Lyon, en 1794. Il était fils de Jacques Etienne, conseiller en la sénéchaussée de Montbrison.

carrière de magistrat qu'il exerça jusque après 1850, époque à laquelle il était le doyen des juges de paix de Lyon, il se vit successivement revêtu de charges honorifiques, qui témoignent de l'estime et de l'affection de ses concitoyens : nous le rencontrons Président du Bureau de bienfaisance, Membre du comité de l'Instruction primaire, Administrateur de l'hospice de l'Antiquaille, Président du Mont-de-Piété, etc.

Il s'était marié, le 24 février 1813, à Chazelles, avec Marie-Virginie Reyre, fille de Vincent Reyre (1), avocat, et de Jeanne-Marie-Claudine Carrié, qui le rendit père d'une nombreuse lignée, parmi laquelle, outre trois filles mortes, nous connaissons :

    1º Vincent-Eugène Favre, qui forme le neuvième degré ;

    2º Jean-Baptiste-Claude Favre, né à Lyon le 3 juin 1816, chef d'escadron d'artillerie, commandant l'artillerie de la place de Lyon, officier de la Légion d'honneur, marié, le 5 mars 1849, à Marie-Françoise-Emilie Faure, fille de Gabriel Faure et d'Adélaïde-Elisabeth Grubis de Montginot ;

    3º Benoît-Alphonse-Justin Favre, né le 20 juillet 1823 ;

    4º Joseph-Gustave Favre, le 4 octobre 1826 ;

    5º Charles Favre ;

    6º Henri Favre.

IX. Vincent-Eugène Favre, né vers la fin de 1813, actuellement conservateur des hypothèques, marié, le 21 fé-

---

(1) M. Vincent Reyre est mort, en 1847, premier président de chambre à la Cour d'appel de Lyon.

vrier 1848 à Antonie-Marie Cartier, fille de Rose Cartier
et de Jeanne-Marguerite Aguiraud.

Leurs enfants sont :

1º Jean-Marie-Joseph Favre, né le 24 mars 1849 ;
2º Louis-Marie-Jérôme Favre, le 2 août 1850 ;
3º Pierre-Marie-Abel Favre, le 26 janvier 1859 ;
4º Marie-Joséphine-Frédérique-Aimée Favre, née le
8 juin 1868

D'après d'Hozier, les armes des Favre sont : d'argent à
une bande de sable chargée de trois défenses de sanglier
d'or et accompagnée de deux roses de gueules pointées de
sinople, une en chef et l'autre en pointe.

LES FAVRE-CLAVAIROZ

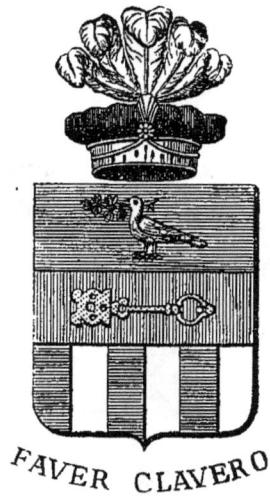

FAVER CLAVERO

Il a existé en Savoie beaucoup de familles du nom de Favre ; nous citerons, entre autres, comme semblant avoir le plus de rapport avec celle des barons de Pérouges , les suivantes :

Favre d'Annecy : d'or à l'écrevisse de gueules accompagnée de deux étoiles d'azur en chef et d'un croissant en pointe.

Favre du Grand-Bornoud : d'or à la tête de bœuf de sable entourée d'un cordon du même avec pendants.

Favre de Chambéry : d'or à l'aigle de sable au vol abaissé.

Favre d'Annecy, deuxième famille : d'or au chevron d'azur accompagné de deux étoiles d'azur en chef et d'un cœur de gueules en pointe.

Favre–Clavairoz de Beaufort : Tiercé en fasce ; le chef d'azur chargé d'une colombe d'argent au rameau de sinople ; la fasce de gueules chargée d'une clef d'or ; la champagne contrepalée d'azur et d'argent (1).

La fonction de clavairoz, du latin *clavarius* (littéralement porte-clefs), était importante en Savoie : le clavaire était chargé du trésor et des archives à la Chambre des comptes du Genevois. Il assumait, par ce fait, une très-grande responsabilité et était choisi parmi les gens les plus honorables et les mieux considérés : dans les cérémonies publiques; il avait un costume spécial comme les autres officiers de la Chambre et du conseil judiciaire.

(1) Nous avons fait graver ces armoiries d'après un ancien cachet de la famille Favre.

L'écu est *timbré* d'une toque ou bonnet à panache qui rappelle sans doute la coiffure du clavaire : la clef d'or qui charge la fasce est la clef (en latin *clavis*, d'où clavaire) insigne des fonctions de confiance que remplissait cet officier.

D'Aguesseau, dans son *Traité sur le grand Tournoi*, constate que les cimiers de plumes sont les plus anciens : les autres figures qui revêtaient alors les écus étaient de carton, de cuir bouilli, de bois peint et verni. Les heaumes et les couronnes ne vinrent qu'après; les casques et lambrequins sont d'invention plus récente encore.

.Dans les xv⁰ et xvɪ siècles, plusieurs familles ont exercé héréditairement ces fonctions de clavaire : parmi lesquelles (1) les Blanc, les Nicollin, les Favre de Beaufort. Seuls, ces derniers ont perpétué jusqu'à nos jours ce titre comme faisant partie intégrale de leur nom patronymique.

L'affirmative résulte d'un jugement rendu par le tribunal civil de Clermont-Ferrand le 24 février 1862 : malgré la longueur de ce document, nous tenons à le rapporter en entier à cause des indications précieuses qu'il contient pour la filiation des Favre-Clavairoz. Nous n'avons point à notre disposition les registres paroissiaux d'Annecy, ni les archives de Beaufort, ni les papiers de la famille; nous nous contenterons de produire les renseignements parvenus à notre connaissance.

ACTE BAPTISTAIRE.

Du registre des actes de naissance et de baptême de la paroisse de Saint-Maxime, commune de Beaufort (Savoie). a été extrait ce qui suit :

L'an mil cinq cent nonante huit et le quatre avril, a été baptisé André, fils de Donat, à feu Pierre FAVRE-CLAVAIROZ, né de sa femme Barthélemie, fille de Barthé-

---

(1) *Revue Savoisienne*, novembre 1869, p. 92. — Sous le titre *Ethnographie, les Péruviens et les Turcs*, le savant M. Ducis rapporte une note extraite de l'ouvrage de M. Favre-Clavairoz sur la Bolivie.

lemy Martinet. Les parrain et marraine ont été André Favre-Clavairoz, et Jacqueline, femme de Pierre Brun-Neyroz.

Signé à l'original : François DE LA CROIX, *vicaire*.

Les actes de naissance de Donnat et de Pierre n'existent pas : du moins toutes recherches ont été infructueuses.

La même particularité se rencontre pour l'acte de naissance de Maxime Favre-Clavairoz, né en 1593 à Beaufort. Son acte porte : Maxime, fils de Jean, fils de Maxime, sans que les actes de ceux-ci se retrouvent.

Enfin, en 1595, on trouve encore quelques enfants d'un Jacob, fils de Donat, fils de Pierre.

JUGEMENT.

« La première chambre du tribunal civil de première instance de Clermont–Ferrand a rendu sur requête le jugement suivant.

« A Messieurs, Messieurs les président et juges composant le tribunal civil de première instance séant à Clermont–Ferrand.

« Monsieur Pierre-Léon Favre , consul général de France , chevalier de l'ordre de la Légion d'honneur , commandant de l'ordre militaire des Saints Maurice et Lazare, demeurant à Paris,

« A l'honneur d'exposer :

« Qu'il est né à Lyon le trois février mil huit cent sept, ainsi que le constate son acte de naissance dressé à la mairie de cette ville le lendemain.

« Voici la généalogie de l'exposant :

« *André* Favre-Clavairoz, fils de Donnat, né à Saint-Maxime, commune de Beaufort-en-Savoie, le quatre avril quinze cent quatre-vingt-dix-huit, a eu un fils *Pierre,* né le dix-neuf août seize cent vingt ; du mariage de ce dernier est issu *Aimé,* né le cinq mars seize cent trente-huit ; ce dernier a eu un fils, *Jean—Baptiste,* né le trente mars seize cent soixante-cinq ; de son union avec Claudine Vibert est né *Antoine,* le vingt—trois avril seize cent quatre-vingt-dix-neuf ; il a épousé Marguerite Chevalier-Chambet ; de cette union est né *Claude-Antoine,* le seize janvier dix-sept cent trente-neuf ; marié à Marie Verdun, ils ont eu un fils, *Augustin,* né à Clermont, le huit décembre mil sept cent soixante-dix-sept , qui avait épousé Marie-Cécile Marrel ; de leur union est né *Pierre—Léon,* le trois février mil huit cent sept.

« Dans l'acte de naissance du père de l'exposant, du huit décembre mil sept cent soixante-dix-sept, il est désigné *Augustin Favre,* fils légitime de Claude-Antoine Favre et de Marie Verdun, tandis qu'on aurait dû écrire *Augustin Favre-Clavairoz,* qui était le nom patronymique des ancêtres dudit Augustin.

« L'exposant a toujours été désigné, même dans les

fonctions publiques, Favre-Clavairoz : ce ne peut être qu'une erreur de l'officier de l'état civil, qu'il importe à l'exposant de faire rectifier. La filiation est établie par les actes ci-dessus énoncés et rapportés, et par un acte de notoriété dressé par Me Viallet, notaire à Beaufort, arrondissement d'Albertville, département de la Savoie, le quatorze décembre mil huit cent soixante-et-un, dans lequel se trouvent énoncés un grand nombre d'actes de la famille Favre-Clavairoz.

« L'exposant demande qu'il vous plaise, Messieurs, de la généalogie ci-dessus et les actes authentiques à l'appui, et l'art. 99 du Code Napoléon, ordonner que l'acte de naissance d'Augustin Favre, père du demandeur, dressé à la mairie de Clermont-Ferrand, le huit décembre dix-sept cent soixante-dix-sept, sera rectifié en ce sens qu'au lieu d'Augustin Favre, il sera écrit *Augustin Favre-Clavairoz*, fils légitime de Claude-Antoine Favre-Clavairoz et de Marie Verdun ; ordonner que le jugement sera inscrit sur les registres de l'état civil de Clermont-Ferrand conformément à la loi.

« Et vous ferez justice.

Signé : GUILLAUME, avoué.

« Vu la requête qui précède, tendant à la rectification de l'acte de naissance du sieur Augustin Favre, dressé à la mairie de Clermont le huit décembre 1777,

« Ouï M. Pons de Pouzol, juge, en son rapport, et M. Assézat de Bouteyre, procureur impérial, en ses conclusions ;

« Attendu que, dans son acte de naissance ci-dessus relaté, M. Augustin Favre a été indiqué comme fils légitime de Claude-Antoine Favre et de Marie Verdun, son épouse ;

« Attendu que des documents produits, et notamment d'un grand nombre d'actes de l'état civil, dressés en la commune de Beaufort (Savoie), et plus amplement relatés en la requête qui précède, il résulte de la manière la plus évidente que le nom patronymique de l'exposant et de ses auteurs a toujours été Favre-Clavairoz ;

« Que si l'acte de naissance dont s'agit porte seulement le nom Favre, c'est le résultat d'une erreur que le tribunal doit reconnaître, et dont il doit ordonner la rectification ;

« Par ces motifs,

« Le tribunal ordonne la rectification de l'acte de naissance du sieur Augustin Favre, père de l'exposant, dressé à la mairie de Clermont-Ferrand, le 8 décembre 1777, en ce sens que le nom de Clavairoz sera ajouté à celui de Favre, de façon à ce que le nom patronymique soit ainsi écrit : FAVRE–CLAVAIROZ, Ordonne la transcription du présent jugement sur les registres de l'état civil de la commune de Clermont-Ferrand ; dit que mention de la présente rectification sera faite en marge de l'acte réformé, et que tous extraits ou expéditions dudit acte ne pourront être délivrés qu'avec ladite mention.

« Fait et prononcé publiquement à l'audience de la

première chambre du tribunal civil de Clermont-Ferrand, le vingt-quatre février mil huit cent soixante-deux ; siégéants Messieurs Rouffy, président ; Pons de Pouzol, juge ; Chantegrillet, avocat appelé dans l'ordre prescrit, en remplacement des juges et juges suppléants empêchés, et avocats plus anciens, Assézat de Bouteyre, procureur impérial, et Beaudonnet, commis-greffier.

« Suivent les signatures : Rouffy, président, et Beaudonnet, commis-greffier. »

Le 4 avril de la même année, le tribunal civil de Lyon a ordonné la rectification dans le même sens de l'acte de naissance de M. Léon Favre-Clavairoz (2 février 1807).

Cet acte est ainsi conçu :

Extrait du registre des actes de l'Etat-civil de Lyon, pour l'année 1807, n° 352.

« Le trois février mil huit cent sept, devant nous maire de Lyon est comparu Augustin Favre, négociant, rue des Bouquetiers, n° 22, lequel a présenté un enfant mâle, né hier matin à dix heures, de lui comparant et de Marie Cécile Marrel, son épouse ; auquel enfant on a donné les prénoms de *Pierre Léon*. Présents Pierre Marrel, négociant, quai de Villeroi, 23, aïeul de l'enfant, et Pierre Desjardins, négociant rue Puits-Gaillot, n° 2, témoins majeurs, lesquels ont signé avec nous le présent acte après que lecture en a été faite.

« Signé : Aug. Favre, P. Marrel, P. Desjardins et SAIN-ROUSSET, *adjoint*.

En marge est la mention suivante :

« Par jugement du tribunal civil de Lyon du 4 avril 1862, l'acte ci-contre a été rectifié en ce sens que le nom de *Clavairoz* sera ajouté à celui de Favre, de sorte que le nom patronymique serait écrit : FAVRE-CLAVAIROZ.

« Signé : LUC. »

La famille Favre-Clavairoz était, suivant de vieux terriers seigneuriaux et l'ancien cadastre de Beaufort, en 1645, divisée en cinq branches, dont deux seulement subsistent encore dans le pays.

Celle qui nous occupe a acquis la noblesse par la fonction qu'elle occupait (1). C'est ainsi que la famille Ducis qui s'honore du célèbre poète Jean-François Ducis, successeur de Voltaire à l'Académie Française, a obtenu les armoiries nobles suivantes : d'argent au grand duc de sable perché sur un tronc d'arbre de sinople.

Les archives d'Annecy renferment les comptes de « *noble* Jean-Favre », lequel était de 1527 à 1534 scelleur des laods et ventes de la baronnie de Beaufort, ressortant de la Chambre des comptes de Genevois à Annecy.

Il est le premier degré de filiation de cette famille, qui s'établit comme il suit :

(1) Le nom de Clavairoz, ajouté au nom patronymique est par lui-même la preuve et la constatation de la noblesse des Favre. Il est notoire qu'en Savoie, la noblesse s'acquérait par les services rendus et les charges remplies. M. le comte de Foras, dans son excellent *Armorial nobiliaire de Savoie*, rappelle que la famille Berthier tire sa noblesse de charges occupées dans la magistrature ; plus loin, dans la généalogie d'Allinges, il cite *in extenso* un acte passé par noble Antoine Borré, conseiller du Roi, *clavaire* et archiviste en la chambre des Comptes, constatant que les fonctions qui y sont remplies, confèrent le titre d'ancien noble.

GÉNÉALOGIE

I. Noble Jean FAVRE, Clavaire, 1527-1534 (1)

|

II. Pierre FAVRE-CLAVAIROZ (premier du nom),
mentionné en l'acte de baptême d'André, ci-après.

|

III. Donat FAVRE-CLAVAIROZ,
Marié à Barthélemie Martinet, suivant l'acte baptistaire de son fils.

|

IV. André FAVRE-CLAVAIROZ,
né le 4 avril 1598,
Epoux d'Arnode Bugaud.

|

V. Pierre FAVRE-CLAVAIROZ (deuxième du nom),
né le 19 août 1620.

|

VI. Aimé FAVRE-CLAVAIROZ,
né le 5 mars 1638.

|

VII. Jean-Baptiste FAVRE-CLAVAIROZ,
né le 30 mars 1665,
Marié à Claudine Vibert.

Jacqueline,	Joseph, *prêtre.*	Louis,	André (2)	Françoise

VIII. Antoine qui continue.

(1) Les registres de baptême, au Praz, font mention d'une autre branche : un Maxime Favre Clavairoz, né en 1593, y est dit fils de Jean et petit-fils de Maxime.

(2) D'après les assertions récentes d'un journal de Paris, cet André Favre, né en 1730, aurait épousé Nicolarde Buffet : nous n'avons aucune donnée qui puisse nous permettre de contrôler cette assertion mise en avant par *Paris-Journal*, qui ajoute que de la sorte « Jules Favre pourrait bien être apparenté à l'un des membres du cabinet Ollivier, l'honorable M. Buffet, ministre des Finances. »

VIII. Antoine
FAVRE-CLAVAIROZ,
né le 23 avril 1699 ;
marié à Marguerite Chevallier-
Chambet.

IX. Claude-Antoine, Anne, Jean-Baptiste, François, Pierre-Antoine
FAVRE-CLAVAIROZ   prêtre.
né le 6 février 1739
Marié à Marie Verdun.

X. Claude-Antoine Favre-Clavairoz,
né à Clermont-Ferrand, le
8 décembre 1777, marié à Lyon, le
18 avril 1806, à Cécile Marrel (1),
fille de Pierre Marrel et de Marie Claire
Desjardins.

XI. Pierre-Léon   XI. Claude-Gabriel-Jules
FAVRE-CLAVAIROZ,   FAVRE,
né le 2 février 1807   né le 21 mars 1809.

(1) On trouve un capitaine pennon, en 1668, qui portait d'azur au vol d'argent sommé d'un marc d'or, du nom de Marrel.

Cette famille du commerce lyonnais était alliée aux Bourde- lin de Rossary, maison d'origine toscane, qui avait émigré au temps des guerres civiles. Une légende domestique prétend que dans le XIVe siècle, un Rossary fut envoyé en mission à Rome par la République de Florence où il s'éprit d'une belle Juive qu'il enleva : pour se soustraire aux poursuites , il vint s'établir à Lyon avec son frère qui y forma une autre branche.

La sœur de Pierre Marrel avait épousé M. Taschon de Fleurdelix, noble verrier. bourgeois de Lyon.

XI. M. Pierre-Léon Favre-Clavairoz, homme politique
français, consul de France à Gènes, le 23 avril 1848 ; à
Chuquisaca (Bolivie), le 27 août 1849 ; à Tampico, le
17 juin 1857 ; à Corfou, le 29 août 1865, et à Tripoli de
Barbarie, le 27 février 1869, s'est toujours fait remarquer
par les plus hautes qualités du cœur et de l'esprit. Nous
ne citerons qu'un fait pour faire apprécier la manière in-
telligente et courageuse avec laquelle il représente la
France à l'étranger : nous voulons parler de sa noble
conduite lors des événements de Gènes. C'est une page
fort peu connue de l'histoire contemporaine que nous
sommes heureux de pouvoir reproduire sur des renseignements certains, dût-elle blesser la modestie de M. Léon
Favre-Clavairoz :

« La bataille de Novarre venait d'être perdue. On
parlait de l'entrée prochaine des Autrichiens à Alexan-
drie ; l'envahissement du Piémont paraissait devoir en
être la conséquence : le désarroi était partout et l'anxiété
inexprimable.

« Gènes ne pouvait se résigner à faire partie du Piémont. Un parti puissant, se recrutant dans toutes les
classes de la société, s'agitait pour reconstituer l'ancienne
autonomie ; il était favorisé par l'imprudence de quelques
chefs militaires sardes, qui s'étaient rendus souverai-
nement impopulaires. L'occasion parut favorable : les
Génois se soulevèrent, la garde nationale s'insurgea et
les Piémontais furent chassés de la ville. Le danger qu'ils

couraient était grand, l'animosité contre eux à son comble, partout des menaces de mort.

« M. Favre-Clavairoz, consul général de France à Gênes, se mit résolûment à travers ce péril et protégea ouvertement ceux que poursuivait la haine populaire : il reçut chez lui et y hébergea tous ceux qui voulurent y prendre refuge. Il fit passer les plus menacés à bord du *Tonnerre*, corvette à vapeur, qui était à sa disposition dans le port. Accompagné du brave capitaine de frégate de Gasquet, commandant la corvette, il traversa la ville, faisant un rempart de son corps contre une foule furieuse, qui voulait mettre en pièces un général piémontais, et parvint à le mettre en sûreté.

« Le général La Marmora parut, mit le siége devant Gênes; la scène changea. Une des portes principales et la position de la Lanterne furent prises et un impitoyable bombardement commença. La panique fut à son comble : les bombes et les boulets pleuvaient sur la ville, y portant la terreur et la mort.

« M. Favre-Clavairoz donna asile sur le *Tonnerre* aux familles des consuls des autres puissances et à tous les habitants qui purent y trouver place : chacun fuyait éperdu, sollicitant un refuge; il nolisa tous les bâtiments français qui se trouvaient dans le port et y reçut plus de trois mille personnes de toutes les classes de la société.

« Averti que les insurgés se disposaient à ouvrir les portes du bagne pour armer les forçats, de concert avec

M. de Gasquet, il fit garder les portes par une compagnie de marine et prévint toute évasion.

« Puis, comme le bombardement durait toujours, suivi de M. de Gasquet et de quelques consuls courageux, il se jeta au milieu de la mitraille, passant à travers le feu croisé des assaillants et des barricades, et, après avoir couru les plus grands dangers, il arriva auprès du général La Marmora, duquel il obtint une trêve de huit jours, avec la condition de laisser partir tous ceux qui se croiraient compromis.

« Ce fut alors le tour des Génois d'implorer son intervention infatigable ; pendant huit jours il procéda à cet immense sauvetage. La trêve finie, il ne restait plus un seul de ceux qui auraient pu craindre la vengeance des Piémontais. »

Un pareil dévouement et un si grand courage méritaient une récompense : elle valut à M. Favre-Clavairoz les décorations de diverses puissances. La ville de Gênes, reconnaissante, inscrivit glorieusement son nom sur son *Livre d'or* à la suite de ceux de Boufflers et de Richelieu. Un décret de S. M. Victor-Emmanuel, du 31 mai 1849, confirma cette distinction si flatteuse.

Il a en outre, en récompense d'une carrière utilement remplie, d'autres décorations qui établissent, comme suit, les titres des divers ordres dont il est revêtu :

Chevalier de la Légion d'honneur, le 22 décembre 1849.

Commandeur des SS. Maurice et Lazare, le 15 juin 1849.

Grand plaque du Condor de Bolivie, le 4 avril 1854.

Commandeur du Medjidié, le 13 juin 1856.

Officier de Charles III, 29 mai 1859.

Officier du Mérite de Vénézuéla, le 7 mai 1863.

Commandeur du Sauveur de Grèce, le 27 février 1868.

Commandeur de l'Osmanié, le 23 février 1870.

Littérateur émérite, M. Léon Favre a écrit dans des publications considérables des articles remarqués ; nous citerons : *Etude sur l'or de Lipuani* (Revue des Deux-Mondes, 1851) et *La Bolivie, son présent, son passé, son avenir* (Revue contemporaine, 1853).

XI. Claude-Gabriel-JULES FAVRE, avocat, député et académicien français, né à Lyon le 21 mars 1809. Une opinion assez répandue dans cette ville lui assigne pour lieu de naissance la commune de Charly : c'est une erreur accréditée sur cette circonstance bien connue que l'illustre orateur a passé sa première jeunesse à Charly, où sa mère possédait une propriété, laquelle a été vendue en 1836, lors de son décès. Madame Favre est enterrée à Charly : chaque année, M. Jules Favre vient faire une visite à cette tombe si chère : un don aux pauvres de la commune accompagne toujours ce pieux devoir.

Afin de dissiper tous doutes sur le lieu de naissance, nous copions textuellement le registre de l'État-civil de la ville de Lyon pour l'année 1809.

Au n° 868 est écrit :

« Le vingt et un mars mil huit cent neuf, devant nous maire de Lyon, a comparu sieur Augustin Favre, drapier, rue des Bouquetiers, n° 22, lequel a présenté un enfant mâle, né, le matin à une heure, de lui comparant et de Dᵉ Marie Cécile Marrel, son épouse : auquel enfant on a donné les prénoms de GABRIEL CLAUDE JULES. Présents sieur Pierre Marrel, négociant, quai de Villeroi, n° 24, et aïeul de l'enfant, et Pierre Desjardins, aussi négociant, rue Lafont, oncle de l'enfant, témoins majeurs, lesquels ainsi que le père ont signé avec nous le présent acte après que lecture leur en a été faite.

> « Signé : Aug. Favre, P. Marrel, P. Desjardins
> et Dervieux, adj. »

Il n'entre point dans notre pensée de refaire ici la biographie si connue de M. Jules Favre. Nous nous bornons à citer les faits les plus saillants :

Inscrit au barreau de Lyon en 1830, puis à celui de Paris en 1835, l'illustre avocat a constamment tenu une des places les plus importantes, grâce à son merveilleux talent de parole.

Pour caractériser la puissance oratoire de M. Jules Favre, il nous suffira de citer les quelques mots suivants empruntés à l'immortel Berryer, qui devait parler après lui dans le fameux procès des *Vingt-et-un* poursuivis pour réunion illicite :

« Après cette harangue si complète, dit Mᵉ Berryer,

les prévenus tous ensemble 'et tous ceux de mes honorables confrères, qui s'étaient associés à la défense, ne pensent pas qu'il y ait un seul mot à ajouter. Je ne trouve pas dans mon intelligence, ni dans mon cœur, rien qui soit nécessaire, rien qui puisse ajouter à la vérité, à la grandeur, à la noblesse des raisons qui viennent de vous être produites.

« Elevé dans le respect de la magistrature, je renonce à prolonger la défense, convaincu qu'après de telles paroles et la démonstration de telles vérités, il n'y a pas un juge en France qui puisse prononcer une condamnation.

« Nous nous en remettons à votre justice. »

Me Jules Favre avait parlé le premier : Me Berryer, Marie et autres avocats éminents devaient prendre la parole après lui : tous y renoncèrent.

Nous ne pensons pas qu'il ait jamais été remporté plus beau triomphe oratoire.

Au mois d'août 1860, le grand avocat a été élu bâtonnier de l'ordre à Paris.

Comme homme politique, il fut nommé en février 1848 secrétaire général du ministère de l'intérieur et puis aux affaires étrangères. Le département de la Loire le choisit comme représentant, par 34,260 voix ; le coup d'état du 2 décembre l'écarta pour six ans de la vie politique. Une des élections partielles de Paris le fit rentrer en 1858 au Corps législatif, où il brille comme l'un des plus habiles orateurs de l'opposition, nous voulons dire cette opposition ferme et modérée qui sait si bien s'attacher les sympathies de tous, et est le salut des gouvernements.

Nous ajouterons qu'il est bien permis de ne point partager ses opinions politiques, mais on doit rendre justice à sa noblesse de cœur comme à sa pureté de langage ; car jamais l'ambition ni l'intérêt n'ont eu de place dans les convictions qu'il défend avec un talent hors ligne.

Littérateur émérite, M. Jules Favre n'a publié que les brochures ci-après, citées par Vapereau dans son *Dictionnaire des Contemporains :*

De la Coalition des chefs d'ateliers de Lyon. Lyon, 1833;

Anathème. Lyon, 1833.

Sixième procès du Précurseur. Lyon, 1833.

Affaire Ladvocat et Boullenois. Paris, 1837, in-8°.

Deux livraisons d'une *Biographie contemporaine*, 1837.

La Liberté de la presse. Paris, 1849, in-fol.

Comme écrivain et puriste, M. Jules Favre avait sa place marquée à l'Académie Française ; son discours de réception, prononcé le 23 avril 1868, a eu un certain retentissement.

Le grand nom de M. Jules Favre appartient à l'histoire. Nous n'avons plus à constater qu'un fait, c'est que la postérité impartiale lui réserve une des places les plus honorables parmi les gloires de la France.

APPENDICE

LES FAVRE DE COUVET

La tradition domestique rattache encore aux Favre de Savoie, originaires de Meximieux, une famille du même nom qui se serait établie à la fin du XVIe siècle, à Couvet, dans le canton de Neufchâtel, en Suisse.

Le mouvement de réforme religieuse (1), qui, à cette époque, agita l'Europe entière, s'était fait sentir en Bresse. L'exemple donné par le chef d'une maison anciennement souveraine d'une partie de ce pays, l'amiral de Coligny, eut une sérieuse influence sur la noblesse qui fournit un grand nombre d'adhérents aux doctrines de Luther et de Calvin. On trouve, parmi les dissidents, les noms des meilleures familles bressannes, les de Loriol, par exemple, qui préférèrent perdre leurs biens et émigrer en Prusse et en Suisse, où ils existent encore. C'est ainsi que les Favre du Couvet quittèrent la France pour échapper aux persécutions religieuses, et former à l'étran-

---

(1) Voir l'excellente brochure de M. Edmond Chevrier ayant pour titre : *Le Protestantisme dans le Mâconnais et la Bresse*, Mâcon, Protat, 1868.

ger souche d'une nouvelle famille, que la proclamation de la liberté des cultes en 1789 ramena dans son pays d'origine.

M. Ferdinand Favre, né à Couvet, le 28 janvier 1779, était en 1793 volontaire de l'armée nantaise, pour repousser l'attaque des Vendéens. Placé à la tête d'une manufacture considérable, il fit preuve de connaissances scientifiques profondes et acquit une position importante à Nantes.

Il a été longtemps maire de cette ville et a constamment représenté la Loire-Inférieure à nos assemblées politiques ; grand officier de la Légion d'honneur et sénateur, M. Ferdinand Favre est mort à Paris, le 16 juillet 1867.

La famille est encore représentée à Nantes.

Les armoiries (1) sont bien différentes de celles des Favre de Savoie, puisqu'elles sont, d'après plusieurs vieux cachets :

Au 1er d'azur au château ou rempart de ville sommé de deux tours d'argent et maçonné de sable, au 2e de gueules

(1) D'après une note qui nous a été communiquée par M. le comte de Bondy, ministre plénipotentiaire, à Paris, dont la grand-mère était une demoiselle Favre de Couvet, les armoiries à peu près complètes étaient gravées sur une pierre tumulaire de l'église Sancta-Margarita, de la paroisse San-Antonio à Milan : cette pierre a disparu par suite d'un nouveau carrelage ces dernières années. Le château, la gerbe, les fleurs de lys s'y voyaient, et bien que le nom de baptême du défunt eût disparu, on pouvait encore lire : .... *Favre issu de bonne maison et de seigneurs qui se sont illustrés.*

à la gerbe d'or, au 3ᵉ d'or à la quintefeuille angenne de gueules, au chef du même chargé de deux étoiles d'or ; au 4ᵉ d'or à l'épée de sable posée en pal, au chef d'azur chargé de trois fleurs de lys d'or.

Sur le tout un écu : d'argent au fer à cheval de gueules posé en abîme et au chef d'azur chargé de deux étoiles du champ.

Supports : deux ours.

Couronne de baron.

Cimier : un ours issant, tenant une épée de la patte dextre.

Devise : FERMETÉ.

Nous regrettons vivement que l'éloignement où nous sommes de nos sources ordinaires d'information ne nous ait pas permis d'obtenir des renseignements plus complets sur cette honorable famille ; nous avons tenu néanmoins à la citer, quoique rien dans ses armoiries ne la rattache aux Favre-Vaugelas, parce qu'une tradition domestique s'est perpétuée parmi ses membres, qu'elle a été formée par les Favre de Bresse, dont elle s'est séparée pour le fait de la religion.

AUTRES FAMILLES FAVRE

EN SUISSE

—

C'est une remarque à faire, que presque toutes les familles Favre qui ont joui des priviléges de noblesse en Bresse, en Bugey, en Dauphiné, en Savoie, ou en Suisse, prétendent toutes être de la même souche, celle des Favre qu'a illustrée Vaugelas.

Il est impossible pour les familles de Suisse, qui vont suivre, de trouver le point de suture : c'est une simple présomption *morale*, une tradition domestique qui s'accentue d'une même façon parmi elles, malgré la multiplication des branches.

Les documents que nous allons publier sont du plus haut intérêt : ils permettront peut-être à de plus favorisés que nous de débrouiller ce chaos généalogique des Favre. qui se rattachent aux Favre de Vaugelas.

Ils ont été recueillis sur pièces authentiques par M. Favre, de Laringes en Chablais, créé comte de Latrau en 1840, par le pape Grégoire XVI. Nous en devons la gracieuse communication à l'un des plus honorables représentants du nom de Favre en France. Nous les publions *in extenso,* afin de ne rien enlever à leur caractère d'authenticité.

LES FAVRE DE GENÈVE

Parmi les familles genevoises existantes, qui ont été reconnues pour nobles en France, sont les suivantes : d'Armand de Châteauvieux, de Bour de Farge, de Budé, Buisson de Sergy, de Candolle, Constant de Rebecque, Diodati, Fabri d'Airelaville, *Favre*, de Gallatin, etc.

I François FAVRE, conseiller annuel des LX en 1535.

Le 31 mars 1547, arrêté de réconcilier François Favre avec le consistoire; qu'il y paraisse et qu'on lui fasse de douces remontrances.

II Gaspard FAVRE, fils dudit François, conseiller d'État en 1553.

Le 8 novembre 1556, arrêté à la réquisition des parents de la famille Favre, et entre autres de Louis Dufour, que si la veuve de Gaspard Favre accouche d'un fils, la seigneurie lui rendra une partie des biens de son père.

III Jean FAVRE, premier syndic, fils dudit Gaspard, né en 1556.

Le 13 mai 1588, permis à Jean Sève et Jean Favre d'avoir aux noces de la fille du premier, plus de tables que ne porte l'ordonnance, en payant 50 fl. à L'hôpital.

Le 3 janvier 1610, on gratifie noble Jean Favre, seigneur conseiller, à sa requête, du lod d'une maison qu'il a achetée 602 écus, et cela en considération de ses services auxquels il continue journellement.

Le 4 mars 1611, les seigneurs du conseil commencent la taxe par eux-mêmes, et M.M. Favre, Anjorrant de Châteauneuf et autres s'imposent à cinq florins par semaine, etc. Il fut père de :

1° Ami, qui suit ;

2° Jacques, syndic, rapporté plus bas.

IV Ami FAVRE, premier syndic, fils dudit Jean, né en 1591, du conseil des CC, à 24 ans, conseiller d'État à 32 ans ; seigneur de Dardagny et Confignon ; le 1er juin 1638, le Grand Conseil permet à noble ami Favre, syndic, d'épouser demoiselle Marie, fille de noble Jacob Anjorrant, ancien premier syndic, quoique par l'édit le beau-père et le gendre ne puissent pas être ensemble en Petit Conseil, cette grâce leur était accordée, tant en considération que l'un et l'autre sont depuis plusieurs années dans le Conseil, que de l'extrême vieillesse dudit noble seigneur Anjorrant et de ses anciens services depuis 45 ans, comme aussi de ceux qui ont été utilement rendus par feu noble Jean Favre, vivant premier syndic et père dudit *Ami*.

Le 26 mai 1647, congé de 5 semaines accordé à noble Ami Favre, premier syndic, pour aller en Nivernois

assister aux noces du seigneur de Châteauvieux, son
fils, qui épouse la fille du seigneur de Jaucourt, gentilhomme de la religion, en le priant de revenir le plus
tôt possible, sa présence étant nécessaire en l'occurrence
du temps.

Le 29 juin 1647, sur ce qui a été représenté par noble
Ami Jacques Godefroy, qu'ayant été proposé hier dans
le conseil de faire une réception honorable à noble Ami
Favre, seigneur premier syndic, à son retour ici, et de
lâcher quelques volées de canon, même de lui envoyer
au-devant quelques compagnies de la ville tant à pied
qu'à cheval, tels honneurs n'ayant été pratiqués ci-de-
vant qu'envers des ambassadeurs et seigneurs étrangers,
il a ouï dire diversement sur ce sujet et a de plus consi-
déré que le dit seigneur premier syndic n'agréerait pas
de tels excès en tant que les dits honneurs seraient décer-
nés dela part de la seigneurie, par lequel excès la ja-
lousie de quelques citoyens pourrait être excitée, quoiqu'il
fût bien content de recevoir les honnêtetés particulières
de ses parents et de ses amis qui lui viendraient témoi-
gner leur affection ; sur quoi opiné en l'absence des parents, arrêté qu'on permet à ceux de la compagnie dudit
noble Favre de lui aller au-devant lorsqu'il entrera dans
Genève, de même qu'à la compagnie de la jeunesse de
la ville, et à ceux de ses amis qui voudront monter à
cheval, mais qu'on ne tirera aucun coup de canon.

Le 4 décembre 1649, noble Ami Favre a été gratifié

unanimement, eu égard à ses services, du lod de la seigneurie de Confignon qu'il a achetée de noble Odet Lect.

V Daniel FAVRE, fils dudit Ami, du conseil des CC à 16 ans, et auditeur à 18.

Le 12 février 1668, noble Daniel Favre propose d'établir ici à ses frais une fabrique de cristal pour de très grands miroirs, d'après le secret du colonel d'Elbon.

2ᵐᵉ BRANCHE.

IV Jacques FAVRE, syndic, 2ᵐᵉ fils de Jean. (Voy. degré III.)

V Jean-Jacques FAVRE, syndic, fils de Jacques.

VI Jacques FAVRE, 2ᵐᵉ du nom, premier syndic, fils de Jean-Jacques.

Le 21 août 1678, noble Pierre Fabri, député en France, se loue beaucoup du seigneur Jacques Favre de Lagara, qui l'a accompagné, et déclare avoir reçu à Paris beaucoup d'honnêtetés.

Le 28 avril 1705, le Conseil a témoigné à noble Jacques Favre la satisfaction qu'il avait de sa négociation à Chambéry, et l'a remercié de ses soins et de ses peines pour le service public.

Le 13 juillet 1713, on remercie noble Mᵉ Conrad Tremblay de sa députation en Savoye qui mérite la reconnaissance du Conseil, lequel est aussi satisfait du seigneur avocat Favre qui l'a accompagné. Il fait un grand éloge de ce dernier à la fin de son rapport, disant qu'il sera digne successeur des lumières et de l'affection de M. le premier syndic Favre son père et de MM. ses ancêtres au service de la République.

Le 19 octobre 1722, homologation du testament de noble Jacques Favre, ancien premier syndic, qui méritait des sentiments de considération par ses qualités distinguées.

VII Jacob FAVRE, premier syndic, fils dudit Jacques, né en 1694.

Le 31 décembre 1767, les Conseils accordèrent la démission de conseiller d'État de noble Jacob Favre ancien premier syndic en lui conservant tous les honneurs et prérogatives attachés à cette charge, savoir : son rang dans les cérémonies publiques, sa place dans les temples, la prise d'armes aux portes, ainsi que sa place de conseiller des LX et des CC où il siégera à la dernière place du banc des conseillers d'État. On lui témoigne de la manière la plus expresse tout le regret qu'on a de sa retraite, la satisfaction et la reconnaissance que l'on conserve des services longs, utiles et importants qu'il a rendus à la République.

Le 18 août 1609, arrêté que ceux qui sont à la fois

capitaines d'une compagnie de la ville et d'une compagnie de la garnison, seront obligés de choisir entre ces deux places qui ne doivent être cumulées ; les capitaines J. Fabri et Favre préfèrent conserver leur compagnie de la ville.

Le 18 septembre 1612, plainte du V. C. de ce que les nobles J. Dauphin, L⁸ Favre le jeune et L. Revillod jeune homme de bonne maison, ont tiré l'épée et abattu le chien de l'arquebuse les uns contre les autres.

Le 27 octobre 1663, noble J. Favre, ministre, est chargé des affaires du roi de France à Genève.

Le 12 Février 1668, noble Dᵉˡ Favre propose d'établir ici à ses frais une fabrique de cristal pour de très grands miroirs d'après le secret du colonel d'Elbon.

Le 29 mars 1679, le sieur Ami Fabre rapporte que le sénat de Chambéry est très mécontent de l'histoire de Spon qui n'est qu'une pasquinade contre la Savoie, tout à fait déplacée dans un moment où l'on est en bonne harmonie ; sur quoi il a été arrêté de faire connaître que nous n'y avons aucune part.

Le 1ᵉʳ mai 1689, refusé à noble J. F. de Saussure de faire tirer des boîtes au sujet de sa royauté de l'arquebuse, vu que cette permission ne fut accordée l'année dernière à noble Barth. Favre que parce qu'il était fils d'un conseiller de céans et d'une ancienne famille patricienne.

Copie des pièces originales imprimées, trouvées par M. le
comte Favre dans l'héritage de son père.

LES FAVRE D'ECHALENS

Généalogie de la noble lignée des Favres, l'une des
quatre familles nobles originaires de la ville et bourg
d'Echalens, et qui y ont droit de bourgeoisie aux cantons
de Berne et de Fribourg.

Armes : d'azur à la fasce d'or accompagnée en chef
d'une rose d'argent et en pointe d'un fer à cheval de même.

I Noble Jacques FAVRE, qui fut seigneur à Echalens avant
l'an 1384, et y fut telle aussi sa race jusqu'à l'an 1500 et
plus.

II Noble Antoine FAVRE, seigneur à Echalens.

III Noble... FAVRE, seigneur à Echalens.

Par la généalogie armoriée et attestée, dressée en
1638 de la branche des Favres existant alors à Joinville en Champagne, et rapportée par noble African
Favre, conseiller au parlement de Metz descendant de
ladite branche, il est constaté que noble Jacques Favre
était le bisaïeul, noble Antoine Favre l'aïeul, et noble...
Favre était le père de noble Jean Favre, seigneur à
Echalens , ci-après reçu noble citoyen de Genève
en 1507.

IV Noble Jean FAVRE seigneur à Echalens, premier du nom, qui s'établit à Genève, y fut reçu au nombre des bourgeois en l'année 1507, mort en 1525. Dans son testament solennel en date du 24 avril 1525, reçu par Pierre Poncet, notaire, il est qualifié *vir nobilis comendabilis dominus de Echalens*, et est justifié par ce testament qu'il laisse quatre fils, qui suivent.

V 1° Noble Pierre FAVRE, seigneur à Echalens, noble citoyen genevois, fut docteur et chanoine de l'église cathédrale de Lausanne, du temps de la retraite de l'évèque Pierre de la Beaume. La ville de Lausanne embrassa la réformation en 1536 : en conséquence de la dispute publique qui y fut tenue sur divers articles de controverse, les présidents de l'assemblée étaient Pierre Girau, secrétaire de Berne, Nicolas de Watteville, Pierre Fabri , *aliàs* Favre, docteur ès droits et chanoine de la cathédrale de Lausanne, et Girard Grand, docteur ès droits et conseiller de la ville de Lausanne. — Morery, lettre L, p. 87.

2° — Noble François FAVRE, mort en 1546, père de Gaspard et de Domaine Favre ; ce qui est prouvé par le testament dudit François en date du 15 novembre 1546, reçu par Vachot notaire, dans lequel le testateur est qualifié noble François Favre, seigneur de Ruth.

3° — Noble Antoine FAVRE, mort sans postérité.

4° — Noble Jean FAVRE étant resté attaché à la religion romaine et au parti de l'évêque, sortit de la ville dans le temps de la réformation, et alla s'établir à Joinville en France.

VI 1° Noble Gaspard FAVRE, mort en 1556, institua, par son testament en date du 25 février 1556, son héritier universel le fils qu'il plairait à Dieu de lui donner, lequel fils fut Jean Favre, ci-après.

2° Noble Domaine FAVRE, mort sans postérité.

Noble François FAVRE, 1er du nom testa, le 2 février 1612. Par son testament, le testateur ordonne que Jean Favre son fils, et après lui Francois Favre son petit-fils, conservent avec grande piété la médaille d'argent, la grosse, tenue en sa cassette, que noble Jean Favre son père avait eue en don du généreux et vénérable évêque de la Beaume, en signe de grâce le..... Il résulte de ce testament : 1° que François Favre était fils de Jean Favre, sorti de Genève ; quelle est l'époque de cette sortie ? 2° Que François Favre 1er fut père de Jean Favre et aïeul de François Favre 2me du nom.

VII Noble Jean FAVRE, 2me du nom, mort en 1618, fils de Gaspard, seigneur de Ruth, conseigneur de Choley et de Beauregard, fut fait conseiller d'État de la république de Genève en 1591, syndic en 1598, seigneur-lieutenant de police et de justice en 1602 et premier syndic en 1607, lesquels faits sont justifiés par les registres de la République. Il laissa les trois fils suivants, qu'il institua ses héritiers par testament du 18 février 1618.

Noble Jean FAVRE, 2me du nom, fut fils de François, 1er du nom, comme il est prouvé ci-dessus et qu'il est justifié ci-après, suivant un transcrit de la noble lignée des Favres, délivré au dit noble sieur Jean Favre, demeurant en la principauté de Joinville, par C. Butinier, dessineur juré et signé de lui, à Joinville, le 19 avril 1638. L'ascendance dudit noble Jean Favre est remontée à noble Jacques Favre qui fut seigneur à Echalens avant l'an 1384, et y fut telle aussi sa race jusqu'à l'an 1500 et plus que ledit Jacques Favre fut bisaïeul de Jean, 1er du nom, reçu noble citoyen genevois en 1507, ayant eu pour fils noble Antoine, pour petit-fils noble... Favre, et pour arrière-petit-fils le dit noble Jean Favre, 1er du nom.

VIII Noble Amy FAVRE, mort en 1652, fut seigneur de Châteauvieux, et de Confignon, Dardigny, Ruffin et Malva, conseiller d'État de la République en 1625, syndic en 1626, seigneur lieutenant de Police et Justice en 1628, et premier syndic en 1647, et laissa un fils qui suit.

Noble Jean FAVRE, mort en 1654 sans postérité, fut fait conseiller d'état de la République en 1653, après la mort de son frère aîné.

Noble Jacques Favre fut fait conseiller d'État de la

République après la mort de Jean, son frère, en l'année 1655, et syndic en l'année 1661.

Noble François FAVRE, 2ᵐᵉ du nom, était fils de Jean Favre, 2ᵐᵉ du nom, comme il est dit ci-dessus, et qu'il est encore justifié par l'extrait baptistaire dudit François, fils de Jean Favre, en date du 1ᵉʳ avril 1610, tiré des registres de l'église de Notre-Dame de Joinville, et le transcrit de la noble lignée des Favres, ci-dessus énoncée.

IX. Noble Daniel FAVRE, mort en 1679, posséda les mêmes terres que son père, par acte authentique donné le 12 janvier 1661 par le seigneur bailli, pour Leurs Excellences de Berne et de Fribourg, à Echalens, à la réquisition du dit noble Daniel Favre, seigneur de Châteauvieux, et Consignon Dardagny, etc. il conste que les prédécesseurs dudit noble Favre sont seigneurs de toute ancienneté au bourg d'Echalens, qu'ils y ont possédé des fiefs, cens, dîmes et rentes, et qu'ils y ont vécu noblement, et été réputés et considérés pour nobles dans le pays. Par autre acte en date du 3 février 1661, contenant les conclusions de M. le procureur patrimonial en la chambre des comptes de Savoie, il conste que le susdit noble Daniel Favre, seigneur de Châteauvieu, etc., ayant acquis une pièce de terre rière Savoie qu'il vouloit faire sortir de la cotte de la taille, il fut obligé pour cela de justifier de la noblesse de sa famille;

ce qu'il fit par titres, et en établissant sa descendance de noble Jean Favre, 1er du nom, seigneur à Echalens, et les alliances illustres de sa famille ; en conséquence desquelles preuves il fut conclu par M. le procureur patrimonial, à ce que la pièce de terre dont il etoit question, fut sortie de la cotte. Le noble Daniel Favre ayant épousé une demoiselle de Jaucourt, de ce mariage il eut Jacob et Rodolphe. Il mourut en 1679, et fut le dernier des nobles citoyens de Genève, agents de la France à Genève. Après sa mort on brigua si fort de lui succéder, que M. Sim. Arn. de Pomponne, ministre d'État et des affaires étrangères en France, crut qu'il valoit mieux y envoyer un sujet de la France, avec la qualité de résident. M. de Chavigny fut agréé par la cour, et se rendit à Genève au mois d'octobre 1679. — Moréry, lettre G, p. 71.

Noble Jean JACQUES FAVRE, fut fait conseiller d'État de la République en 1667. Il épousa dame Marguerite de Lacroix. Noble Thomas Favre était fils de noble François Favre, 2me du nom, ce qui se prouve par son extrait baptistaire, en date du 19 janvier 1639, tiré des registres de l'église de Notre-Dame de Joinville. Il s'attacha pendant sa jeunesse à M. François de Lorraine, prince de Lillebonne, ensuite il s'établit à Vic, pays Messin, où il fut revêtu des charges de maire royal ; conseiller du roi, maître particulier des eaux et forêts, il fut seigneur des fiefs de Jaurecourt, la Grange et la

Héselle. Il épousa demoiselle Dieudonnée Hillaire, d'une famille noble.

X Noble Jacob FAVRE, fils aîné de Daniel, ayant épousé une demoiselle de la même maison que sa mère, et ayant reçu d'elle la terre de Beauvais en Bourbonnais, s'y établit, et y a laissé un fils, nommé Jean Alexandre Favre de Dardagny.

2ᵉ Noble Rodolphe FAVRE, 2ᵐᵉ fils de Daniel, seigneur de Beauregard, mort sans postérité, fut gentilhomme de la chambre du Prince de Nassau-Ferise, et Capitaine de ses gardes à cheval.

1ᵉ Noble Jacques FAVRE, fils aîné de Jean-Jacques Favre, fut conseiller d'État de la République en 1693, syndic en 1702, et laissa un fils nommé Jacob Favre.

2ᵒ Noble Jacob FAVRE, 2ᵐᵉ fils de Jean-Jacques Favre, fut membre du Conseil de la République, et père de Pierre Favre.

3ᵒ Noble Jean FAVRE, 3ᵐᵉ fils de Jean-Jacques Favre, docteur ès droits, et membre du grand Conseil de la République, laissa trois fils, savoir, Jean-Louis, Henri, et Jean Favre.

4ᵉ Noble Barthélemi FAVRE, 4ᵐᵉ fils de Jean-Jacques Favre, allié à dame Marguerite Hubert, laissa un fils nommé François. Le dit Barthélemy est qualifié 4ᵐᵉ fils dudit Jean-Jacques Favre, dans l'arrêt du Conseil d'État de la ville et République, du 30 décembre 1743, rendu en faveur de la famille Favre, portant reconnaissance de l'ancienneté de sa noblesse.

5e Noble Adrienne FAVRE, fille aînée de Jean-Jacques Favre, épousa noble Guillaume de Budé de Vérace, seigneur de Fernex, Boissy et autres lieux, duquel mariage sont nés Isaac, Jacob et Guillaume de Budé.

6° Noble Susanne FAVRE, 2me fille de Jean-Jacques Favre, épousa noble Jean-Louis Burlamaqui, conseiller d'État de la République, duquel mariage est né Jean-Jacques Burlamaqui.

Noble Charles FAVRE fut fils de Thomas Favre et de dame Dieudonnée Hillaire ; ce qui est établi par son extrait baptistaire, en date du 19 novembre 1679, tiré des registres de la paroisse de St-Marcin à Vic, diocèse de Metz. Il fut pourvu des charges dont son père avait été revêtu, et de plus nommé par M. le duc Coaslin à celle de lieutenant général de Vic. Il posséda les mêmes fiefs que son père ; il épousa demoiselle Anne Cueillet de Villey, d'une famille de Lorraine, qui tient rang dans la meilleure noblesse, et laissa entre autres enfants, African Favre.

XI Noble Jean ALEXANDRE FAVRE, de Dardagny, fils dudit Jacob Favre, seigneur en Bourbonnais.

Noble Jacob FAVRE, fils aîné de Jacques, et petit-fils de Jean-Jacques Favre, fut fait conseiller d'État en 1731, syndic en 1743, de la République de Genève. — Par lettres écrites les 29 août 1731 et 25 mai 1732, par le sieur Chatelain d'Echalens, au nom du Conseil de la ville, audit noble Jacob Favre, il paraît que la famille Favre est priée, comme étant l'une des quatre familles nobles originaires d'Echalens, et qui y ont droit de bourgeoisie, de contribuer, par quelques générosités, à des frais que la ville avait eu à supporter.

Par arrêtés du Conseil d'État de la ville et république de Genève, des 5 janvier et 11 février 1737 et 30 décembre 1743, rendus en faveur dudit noble Jacob Favre, et autres ses cousins germains, la république a reconnu l'ancienneté de la noblesse de la famille Favre, sur pièces justificatives, et sur le rapport des commissaires nommés à leur examen et vérification.

Noble Pierre FAVRE, 2me fils de Jacob Favre et petit-fils de Jean-Jacques Favre, membre du Grand Conseil et du Conseil des Soixante de la république de Genève. — Par arrêts du Conseil d'État de la ville et république de Genève, des 5 janvier et 11 février 1737 et 30 décembre 1743 rendus en faveur dudit noble Pierre Favre et autres ses cousins germains, la république a reconnu l'ancienneté de la noblesse de la famille Favre, sur pièces justificatives, et sur le rapport des commissaires nommés à leur examen et vérification.

1° Noble Jean Louis FAVRE, fils aîné de Jean et petit-fils de Jean-Jacques Favre, est membre du Grand Conseil de la République de Genève. — Par arrêts du Conseil d'État de la ville et république de Genève, des 5 janvier et 11 février 1737, et 30 décembre 1743, rendus en faveur dudit noble Jean-Louis Favre, Henri Favre, son frère, et autres ses cousins germains, la République a reconnu l'ancienneté de la noblesse de la famille Favre, sur pièces justificatives et sur le rapport des commissaires, nommés à leur examen et vérification.

2° Noble Henri FAVRE, second fils de Jean, et petit-fils de Jean-Jacques Favre, est membre du Grand Conseil de la République. Par arrêts du Conseil d'État de la ville et République de Genève des 5 janvier et 11 février 1737 et 30 décembre 1743, rendu en faveur dudit noble Henri Favre et Jean-Louis Favre, son frère, et autres ses cousins germains, la République a reconnu l'ancienneté de la noblesse de la famille Favre, sur pièces justificatives et sur le rapport des commissaires nommés à leur examen et vérification.

3° Noble Jean FAVRE, troisième fils dudit Jean, mort sans postérité, capitaine de cavalerie au service de S. M. la reine de Hongrie.

2° Noble François Favre, citoyen de Genève, demeurant à Paris, fils unique de Barthélemi Favre et de dame Marguerite Huber, et petit-fils de Jean-Jacques Favre.

Par arrêt du Conseil d'État de la ville et République de

Genève du 2 août 1769, rendu sur le vu de l'extrait
baptistaire dudit noble François Favre, du 28 février 1704, duement en forme et légalisé, par lequel
il conste qu'il est fils naturel et légitime de noble Barthélemi Favre, et de dame Marguerite Huber son
épouse, et l'extrait baptistaire aussi duement en forme et
légalisé dudit noble Barthélemi Favre ; par lequel il
appert qu'il était fils naturel et légitime de noble Jean-
Jacques Favre et de dame Marguerite de Lacroix, son
épouse, et était né le 18 septembre 1663, et sur le vu
de l'arrêt dudit Conseil, du 30 décembre 1743, rendu en
faveur de noble Jacob Favre, Pierre Favre, Jean-Louis
Favre et Henri Favre, ses cousins germains, petit-fils
comme lui de noble Jean-Jacques Favre, et autres, par
lequel la république a reconnu l'ancienneté de la noblesse de la famille Favre. Ladite république a accordé
acte audit noble Favre, qu'il est fils naturel et légitime
de noble Barthélemi Favre, quatrième fils dudit Jean-
Jacques Favre. En conséquence, elle a déclaré avec
ledit noble François Favre, ses arrêts rendus les 3 janvier et 11 février 1737 et 30 décembre 1743, portant la
reconnaissance de l'ancienneté de la noblesse de la famille Favre, pour lui valoir ainsi et de même que s'il
avait été personnellement dénommé dans lesdits arrêts.
Ledit arrêt signé par nos dits seigneurs syndics et conseil, S. J. de Chapeaurouge, et scellé du sceau de la
république en hostie ; ensuite est le collationné de

6

l'arrêt du 30 décembre 1743, contenant la teneur du certificat authentique de la descendance de la famille Favre, signé et scellé de même, le tout légalisé par M. Pierre Michel Hennin, résident pour le roi près la république de Genève, à Genève, le 2 août 1769, signé Hennin, et scellé du sceau de ses armes en cire rouge d'Espagne.

1° Noble Isaac de BUDÉ, seigneur de Boissy, fils aîné de noble Adrienne Favre et de Guillaume de Budé de Vérace et petit-fils de Jean-Jacques Favre.

Par arrêts du Conseil d'État de la ville et république de Genève des 5 janvier et 11 février 1737, et 30 décembre 1743, rendus en faveur dudit noble Isaac de Budé et ses cousins germains, la république a reconnu l'ancienneté de la noblesse de la famille Favre sur les pièces justificatives et sur le rapport des commissaires nommés à leur examen et vérification.

2° Noble Jacob de BUDÉ, seigneur de Marignan, lieutenant-colonel d'un régiment suisse au service de Sa Majesté très-chrétienne, 2e fils de nobles Adrienne Favre et Guillaume de Budé de Vérace, et petit-fils de Jean-Jacques Favre.

3° Noble Guillaume de BUDÉ, seigneur de Montfort, colonel au service de S. M. le roi de Sardaigne, 3e fils de nobles Adrienne Favre et de Guillaume de Budé de Vérace, et petit-fils de Jean-Jacques Favre.

Noble Jean-Jacques Burlamaqui, conseiller d'Etat de la république, fils unique de nobles Suzanne Favre, et de Jean-Louis Burlamaqui, et petit-fils de Jean-Jacques Favre.

Par arrêts du Conseil d'Etat de la ville et république de Genève des 5 janvier et 11 février 1737, et 30 décembre 1743, rendus en faveur dudit Jean-Jacques Burlamaqui et autres ses cousins germains, la république a reconnu l'ancienneté de la noblesse de la famille Favre sur pièces justificatives, et sur le rapport des commissaires nommés à leur examen et justification.

Noble African FAVRE est fils de Charles et de dame Anne Cueillet de Villey, ce qui est justifié par son extrait baptistaire en date du 11 juillet 1718, tiré des registres de la paroisse de S. Marien à Vic. Il est seigneur des fiefs de la Grange, Fouquette et de la Héselle et conseiller du roi en la cour du Parlement de Metz.

Par arrêt du Conseil d'Etat de la ville et république de Genève rendu le 30 décembre 1743, en faveur dudit noble African Favre, alors avocat au Parlement de Metz, et autres ses cousins, la république a reconnu l'ancienneté de la noblesse de la famille Favre, sur pièces justificatives et le rapport des commissaires nommés à leur examen et vérification.

Ledit African Favre, sentant bien que la charge de conseiller au Parlement de Metz, dont il est revêtu et

qu'il exerce, confère tous les titres et prérogatives attachés à la noblesse, et néanmoins voulant se maintenir dans
ceux qui résultent de sa maison par rapport à ses enfants,
auxquels il doit le soin important de leur état, a requis
l'enregistrement de ses titres de noblesse en ladite cour
de Parlement.

Par arrêt du Parlement, chambre des comptes de Metz,
rendu le 21 octobre 1755, sur la requête dudit noble
African Favre, écuyer, conseiller en ladite cour, les conclusions du procureur général et l'avis de Jean—Louis
Thibault de Menonville, conseiller-rapporteur, Jean-
Armand de Blair et Paul-François-Martin de Julvécourt,
commissaires nommés à l'examen des titres et pièces
joints à ladite requête, auxquelles pièces était jointe une
généalogie armoriée, attestée et dressée en 1638, de la
branche dudit African Favre, par lui recouvrée depuis
l'arrêt du 30 décembre 1743, qui en datant de 1348,
comprend trois générations antérieures à noble Jean
Favre, l'un de ses aïeux, qui fut s'établir et fut reçu noble
bourgeois de Genève en 1507. La Cour, Chambre des
comptes, faisant droit sur ladite requête, a ordonné l'enregistrement au greffe d'icelle tant de l'arrêt du Conseil
souverain de Genève, en date du 30 décembre 1743, portant reconnaissance de la noblesse dudit African Favre,
savoir de celle du 11 janvier 1661 émané du Grand Conseil
de Berne et Fribourg, sur la requête de noble Daniel
Favre, de celle émanée aussi en faveur dudit Daniel Favre

le 3 février 1661, de la Chambre des comptes de Savoie, où celle du Grand-Conseil de Berne et Fribourg est rappelée, ainsi que différentes alliances des Favre aux maisons de La Trémouille, de Châtillon et de Turenne, de celles contenues en deux lettres des 29 août 1731 et 25 mai 1732, écrites à noble Favre de Lagarra par le châtelain d'Echalens, au nom du Conseil de cette ville, et enfin de celle contenue en l'arrêt du Conseil souverain de Genève, du 11 février 1737, en faveur desdits Favre pour jouir par ledit African Favre, ses enfants et postérité, nés et à naître en légitime mariage, des titres et priviléges attachés à la noblesse, et dont jouissent les autres gentilshommes du royaume. Ledit arrêt signé de La Croix. Par la Cour, signé Gallois, scellé en cire jaune le 12 novembre 1755. Signé Whumbépard.

Vérifié et dressé sur les pièces énoncées par nous écuyer, conseiller-secrétaire du roi, maison couronne de France et de ses finances.

Le Méteyer.

LES FAVRE D'ÉCHALENS ·

Généalogie de noble François Favre, né citoyen de Genève, issu de la famille Favre, l'une des quatre familles nobles originaires de la ville et bourg d'Echalens, aux cantons de Berne et Fribourg en Suisse, remontée en ligne directe à noble Jacques Favre, qui fut seigneur à Echalens avant l'an 1384, portant pour armoiries :

D'azur à la fasce d'or accompagnée en chef d'une rose d'argent et en pointe d'un fer à cheval de même.

I. Noble Jacques FAVRE, qui fut seigneur à Echalens dès avant l'an 1384, et y fut telle aussi sa race jusqu'en l'an 1500 et plus.

II. Noble Antoine FAVRE, seigneur à Echalens.

III. Noble....... FAVRE, seigneur à Echalens. Par généalogie armoriée et attestée, dressée en 1638, de la branche des Favre existante alors à Joinville en Champagne, et rapportée par noble African Favre, conseiller au Parlement de Metz, descendant de ladite branche, et il est constaté que noble Jacques Favre était le bisaïeul, noble Antoine Favre était l'aïeul, et noble .... Favre était le père de noble Jean Favre, seigneur à Echalens, ci-après reçu noble citoyen de Genève en 1507.

IV. Noble Jean FAVRE, Ier du nom, seigneur à Echalens, qui s'établit à Genève, y fut reçu au nombre des bourgeois en l'année 1507, mort en 1525. Dans son testament solennel, en date du 24 avril 1525, reçu par Pierre Poncet, notaire, il est qualifié VIR NOBILIS COMMENDABILIS DOMINUS DE ÉCHALENS. Il est justifié par ce testament qu'il laissa quatre fils, savoir : Pierre, chanoine du chapitre de Lausanne ; François, tige de la branche des Favre, restée à Genève ; Antoine, mort sans postérité, et Jean, tige de la branche des Favre, qui existe dans le pays Messin.

V. Noble François FAVRE, second fils de Jean Favre Ier du nom, mort en 1546, fut père de Gaspard et Domaine Favre, ce qui est prononcé par le testament dudit François Favre, en date du 15 novembre 1546, reçu par Vachot, notaire ; dans lequel le testateur est qualifié de noble François Favre, seigneur de Ruth, fils de feu noble Jean Favre, seigneur d'Echalens.

VI. Noble Gaspard FAVRE, fils aîné de François Favre, mort en 1556, institua par son testament, en date du 25 février 1556, son héritier universel le fils qu'il plairait à Dieu de lui donner, lequel fils fut Jean Favre ci-après.

VII. Noble Jean FAVRE IIe du nom, mort en 1648, fils de Gaspard, seigneur de Ruth, conseigneur de Choley et

de Beauregard, fut fait conseiller d'Etat de la république de Genève en 1591, syndic en 1598, seigneur lieutenant de police et justice en 1602 et premier syndic
en 1607, lesquels faits sont justifiés par les registres de
la république. Il laissa trois fils, savoir : Ami, Jean et
Jacques qu'il institua ses héritiers par testament du
18 février 1618 et dont le premier et le troisième eurent
lignée.

VIII. Noble Jacques FAVRE, troisième fils de Jean
Favre II, fut fait conseiller de la république après la
mort de Jean Favre, son frère, en l'année 1655, et syndic
en l'année 1661. Il laissa un fils nommé Jean-Jacques
Favre.

IX. Noble Jean-Jacques FAVRE, fils de Jacques, allié à
demoiselle Marguerite de la Croix, fut fait conseiller
d'Etat de la république en 1667, et laissa quatre gar-
çons et deux filles, savoir : Jacques, Jacob, Jean et
Barthélemy Favre, Adrienne et Suzanne Favre.

X. Noble Barthélemy FAVRE, quatrième fils de Jean-
Jacques Favre, allié à demoiselle Marguerite Huber,
laissa un fils nommé François. Ledit Barthélemy
Favre est qualifié quatrième fils dudit Jean-Jacques
Favre, dans l'arrêt du Conseil d'Etat de la ville et répu-
blique du 30 décembre 1743, rendu en faveur de la

famille Favre, portant reconnaissance de l'ancienneté
de sa noblesse.

XI: Noble François FAVRE, citoyen de Genève, demeurant à Paris, fils unique de Barthélemy Favre et de
demoiselle Marguerite Huber, et petit-fils de Jean-
Jacques Favre.

Par arrêt du Conseil d'Etat de la ville et république
de Genève, du 2 août 1269, rendu sur le vu de l'extrait
baptistaire dudit noble François Favre, du 28 février
1704, duement en forme et légalisé, par lequel il conste
qu'il est fils naturel et légitime de Jean-Jacques Favre
et de demoiselle Marguerite de la Croix, son épouse, et
était né le 18 septembre 1663, et sur le vu de l'arrêt
dudit conseil, du 30 décembre 1743, rendu en faveur
de nobles Jacob, Pierre, Jean-Louis et Henry Favre,
ses cousins germains, petits-fils comme lui de noble
Jean-Jacques Favre et autres, par lequel la république a
reconnu l'ancienneté de la noblesse de la famille Favre,
ladite république a accordé acte audit noble François
Favre qu'il est fils naturel et légitime de noble Barthélemy Favre, quatrième fils dudit Jean-Jacques Favre ;
en conséquence, elle a déclaré communs avec ledit
François Favre les arrêts rendus les 13 janvier et 11
février 1737 et 30 décembre 1743, portant la reconnaissance de l'ancienneté de la famille Favre pour lui
valoir ainsi et de même que s'il avait été personnellement

dénommé dans lesdits arrêts. Ledit arrêt signé par lesdits seigneurs syndics, au Conseil, S. J. de Chapeau-rouge et *scellé* du sceau de la république en hostie ; ensuite est le collationné de l'arrêt du 30 décembre 1743, contenant la teneur du certificat authentique de la descendance de la famille Favre, et signé, scellé de même, le tout légalisé par M. Pierre-Michel Hennin, résident pour le roi près la république de Genève.

A Genève, le 2 août 1769, signé Hennin et scellé du sceau de ses armes en cire rouge d'Espagne.

Vérifiée et dressée sur les pièces énoncées par nous, écuyer, conseiller-secrétaire du roi, maison, couronne de France et de ses finances. Le Méteyer.

Extrait baptistaire de noble François FAVRE, fils de Barthélemy Favre, quatrième fils de Jean-Jacques Favre.

Extrait des registres des baptêmes administrés au temple de St-Gervais de la ville et république de Genève.

Le vingt-huitième juin mil sept cent quatre, spectable Charles Maurice a baptisé François, fils de Barthélemy Favre et de Marguerite Huber, sa femme, présenté par son père, né le vingt-septième susdit.

Collationné auxdits registres par nous, soussigné, conseiller et secrétaire de ladite république et expédié sous le sceau d'icelle ce 8 mai 1744.

Signé HUMBERT.

Je soussigné, ministre de la république de Genève près Sa Majesté, certifie que le présent extrait baptistaire est de la chancellerie de ladite république, scellé de son sceau, et signé de l'un de Messieurs les secrétaires d'État, je certifie en outre, que M. François Favre, en faveur de qui il est expédié, est un de nos citoyens et de nos plus anciennes familles ; en foi de quoi j'ai mis ma signature et le cachet de mes armes. A Paris le dix-huit mai mil sept cent quarante-quatre. Signé Thellusson, et scellé du sceau de ses armes en cire rouge.

Collationné par nous, écuyer, conseiller, secrétaire du roi, maison, couronne de France et de ses finances.

LE MÉTEYER.

Extrait baptistaire de noble Barthélemy FAVRE, quatrième fils de Jean-Jacques Favre.

Extrait des registres des baptêmes administrés dans le temple de St-Gervais de la ville et république de Genève.

Le vingt-troisième septembre mil six cent soixante-trois, spectable Mestrezat a baptisé Barthélemy, fils de noble Jean-Jacques Favre et de dame Marguerite de la Croix, sa femme, présenté par noble Barthélemy Leet, né le dix-huitième susdit.

Collationné auxdits registres par nous, soussigné, conseiller, secrétaire d'Etat de ladite république, expédié sous le sceau d'icelle le 23 juin 1769.

Signé LULLIT.

Nous Pierre-Michel Hennin, résident pour le roi près la république de Genève, certifions, à tous ceux à qui il appartiendra, que l'extrait baptistaire ci-dessus est signé par le secrétaire d'Etat de cette ville, et est scellé du sceau de la république, en foi de quoi nous avons donné le présent, auquel nous avons fait apposer notre cachet. A Genève, ce 23 juin mil sept cent soixante-neuf. Signé Hennin et scellé du sceau de ses armes en cire rouge d'Espagne.

Collationné par nous, écuyer, conseiller, secrétaire du roi, maison, couronne de France et de ses finances.

LE MÉTEYER.

Lyon. — Imp. d'A. Vingtrinier.

www.ingramcontent.com/pod-product-compliance
Lightning Source LLC
Chambersburg PA
CBHW070857280326
41934CB00008B/1483